AF821257

Erläuterungen

zur

Grundbuch-Ordnung

vom 5. Mai 1872

für das mit Grundbuchsachen befaßte Publikum.

Von

W. Neubauer

Kreisgerichtsrath.

Berlin, 1874.

Verlag von J. Guttentag,

(D. Collin).

Vorwort.

Zweck der vorliegenden Schrift ist, wie schon der Titel andeutet, Erläuterungen zur Grundbuchordnung in Form eines Leitfadens zu bieten, an dessen Hand sich das Publikum über die Verhältnisse in Grundbuchsachen leicht orientiren könne.

Tägliche Erfahrungen haben dem Verfasser bewiesen, daß die durch die Grundbuchordnung vom 5. Mai 1872 geschaffenen Einrichtungen den meisten Kreisen gar nicht oder ungenügend bekannt sind. Dieser Uebelstand wirkt auf das Publikum um so nachtheiliger, als in Grundbuchsachen **nichts ohne Antrag geschieht** und der Richter weder Zeit noch die Verpflichtung hat, die unklaren Vorstellungen der Interessenten zu berichtigen.

I. Den Erwerb des Eigenthums an Grundstücken betreffend.

Nach §§. 1. 5. des Gesetzes über den Eigenthums-Erwerb sind auseinander zu halten

a) Der Fall einer freiwilligen Veräußerung,

b) alle anderen Arten der Erwerbung des Eigenthums an Grundstücken.

Im Falle zu a, — also bei freiwilliger Veräußerung — wird Eigenthum nur erworben durch die auf Grund einer Auflassung*) erfolgte Eintragung des Eigenthums-Uebergangs in das Grundbuch. (§. 1.)

Die Auflassung aber erfolgt durch die vor dem zuständigen Grundbuchrichter mündlich und gleichzeitig abzugebende Erklärung der Kontrahenten.

---

*) Auflassung nennt man die Willenserklärung vor dem Grundbuchrichter, welche Veräußerer und Erwerber gleichzeitig dahin abgeben, daß ersterer erklärt:

„Ich übertrage auf Dich das Eigenthum und bewillige die Eintragung"

und letzterer dagegen erklärt:

„Ich beantrage die Eintragung als Eigenthümer."

Dieselbe betrifft aber lediglich die Frage des Eigenthums am Grundstücke. Welche Verpflichtungen aus den Abreden der Kontrahenten diesen gegen einander erwachsen sind, das berührt den Grundbuchrichter an sich nicht, ja, es hängt von den Kontrahenten ab, ob sie darüber etwas angeben oder zu den Akten bringen wollen.

Es bedarf also eines schriftlichen Vertrages nicht, und der schriftliche, ja selbst der gerichtliche oder notarielle Vertrag giebt kein Eigenthum mehr, wie noch immer irrthümlich angenommen wird, — **es muß durchaus die Auflassungs-Erklärung und die Eintragung in das Grundbuch erfolgen, um Eigenthum zu übertragen.**

Der Praktiker wird nun zunächst fragen, wozu dient denn jetzt noch ein Kaufvertrag? und thut man nicht besser, fortan jeden schriftlichen Vertrag zu vermeiden?

Zur Beantwortung der Frage muß man die verschiedenen Fälle unterscheiden.

Handelt es sich um ein ganz einfaches Geschäft, etwa in Betreff einer lediglich Baugrund enthaltenden Parzelle in der Art, daß der Erwerber das ganze Kaufgeld oder doch den Theil, welcher nicht durch eingetragene Hypotheken, die übernommen werden, gedeckt ist, baar bezahlt, daß lediglich eine Hypothek in Betreff des rückständigen Kaufgeldes ohne sehr verwickelte Abreden bestellt wird, so genügt die Auflassung allein, der Vertrag ist geradezu überflüssig. Sollen dagegen verwickeltere Verhältnisse geordnet werden, also z. B. sollen dem Erwerber Dispositionsbeschränkungen auferlegt werden, sollen Verabredungen wegen des Eintritts in Miethsoder Pacht-Verhältnisse, oder wegen Befreiung des Veräußerers von der persönlichen Verbindlichkeit bezüglich eingetragener Hypotheken getroffen werden, soll die Uebergabe vorbehalten, oder der Zeitpunkt, von wo ab Lasten und Abgaben, Gefahr und Nutzungen genauer festgestellt werden, — dann ist freilich ein Vertrag erforderlich. Aber auch dann wird nur ein gerichtlicher oder notarieller Vertrag nothwendig sein, wenn die Kontrahenten sich nicht hinreichende Kenntnisse zutrauen, um nach Maßgabe der hier weiter unten beigefügten Vertragsentwürfe selbstständig einen Vertrag zu Stande zu bringen.

Geboten erscheint ein Vertrag im Interesse der Ersparniß von Stempelabgaben,

wenn ein Vertrag zwischen Ascendenten und Descendenten vorliegt, in welchem eine Schuldübernahme stattfindet, oder ein vorbeschiedenes Erbtheil ausgewiesen wird,

da das Gesetz vom 22. Juli 1861, betr. die Befreiung von Stempelabgaben, beziehentlich die Ermäßigung von Stempelabgaben nur auf *Verträge* Anwendung leidet, und die analoge Anwendung der Vorschrift auf Auflassungen sehr erheblichen Zweifeln unterliegt,

oder, wenn es sich um ein Objekt von mehr als 10,000 Thlr. und Eintragung erheblicher Kaufgelderrückstände handelt, weil nach §. 10. Ges. vom 24. Mai 1853 für die im *Kaufvertrage* ausgestellte Schuld- und Verpfändungs-Urkunde kein besonderer Stempel angesetzt wird, als zu einem Neben-Exemplare des Vertrages, eine gleiche Vorschrift in Betreff des Stempels zur Auflassung aber im Gesetze vom 5. Mai 1872 nicht enthalten ist.

In jenen einfachen Fällen werden sich also die Kontrahenten bei dem betreffenden Grundbuchrichter zur Auflassung einfinden, und ist der Eigenthumsübergang durch die kurze Erklärung und den Antrag des Erwerbers, sein Eigenthum einzutragen, erzielt. Sollen noch rückständige Kaufgelder eingetragen werden, so empfiehlt es sich, zur Ersparung der Kosten für Aufnahme einer Schuldverschreibung einen bezüglichen Schuldschein mitzunehmen, und denselben vorher stempeln zu lassen, oder den Stempelbetrag binnen 14 Tagen von Ausstellung des Schuldscheins ab gerechnet — in Höhe von 1/12 Prozent der Schuld, in Marken mit dem Antrage, letztere zur Urkunde zu kassiren, einzureichen.

Probeformulare für solche Schuldscheine enthält die Anlage **A.**

Es würde dann mündlich zu beantragen sein, diesen Kaufgelderbetrag in Abtheilung III. *) einzutragen, einen A.

*) Ueber die Bedeutung der Abtheilung III. siehe Seite 16 fgg.

Hypothekenbrief der Schuldurkunde vorzuheften und den Hypothekenbrief dem Veräußerer auszureichen.

Ist jedoch der Kaufgelderrest in Kurzem fällig und beabsichtigt der Veräußerer nicht, über die Forderung durch Cession oder Verpfändung zu verfügen, so genügt die Eintragung ohne Bildung eines Hypothekenbriefes. Indessen bleibt immer zu berücksichtigen, daß man sicherer geht, wenn man sich einen Hypothekenbrief ausstellen läßt, weil die Gefahr, daß Dritte über die Forderung, indem sie sich betrüglich als Forderungsinhaber rekognosciren lassen, verfügen, geringer ist, wenn solche Dritte sich zunächst noch, um verfügen zu können, einen Hypothekenbrief beschaffen müssen.

Zu erwähnen ist hierbei nur noch, daß die Grundbuch-Ordnung Besitz-Dokumente nicht kennt, daß also der Erwerber lediglich eine Benachrichtigung vom Grundbuch-Amte erhält, aus welcher sich ergiebt, was im Grundbuche von X an den im Schreiben näher bezeichneten Stellen eingetragen ist. Will der Erwerber ein Mehreres haben, so muß er beantragen, ihm eine beglaubigte Abschrift des Grundbuch-Blattes zu ertheilen. Er erhält dann eine vollständige Abschrift mit Weglassung aller nicht mehr wachenden Vermerke.

> Das Gesetz giebt ferner dem Erwerber das Recht, den Erwerbsgrund, den Kaufpreis, die Schätzung des Werths nach einer öffentlichen Taxe, und bei Gebäuden die Feuerversicherungssumme eintragen zu lassen.

An Angabe des Erwerbsgrundes wird kaum je einem Erwerber gelegen sein. Ob das Grundstück durch Kauf, Tausch, Schenkung oder wie sonst erworben ist, kann man eintragen lassen. Man prüfe selbst, ob ein solcher Vermerk etwa einen Werth hat.

Die Angabe des Erwerbspreises ist nicht immer erwünscht. Sie ist überflüssig, wenn es sich um ein zu bebauendes Grundstück, dessen Hauptwerth in den künftigen Gebäuden stecken soll, handelt. Sie ist unbequem, wenn man sich mit Veräußerungsgedanken trägt, da es nicht gerade angenehm zu sein pflegt, den Nachfolger wissen zu lassen, wieviel daran verdient wird.

Die Angabe des Taxwerths und der Feuerversicherungssumme erscheint in seltenen Fällen erforderlich, eigentlich wohl nur, wenn man mit ungewandten Gläubigern zu thun bekommt. Anderen wird man die Taxurkunde resp. die Feuerversicherungspolice eben so gut, als dem Grundbuchrichter zur Prüfung unterbreiten können.

Will man aber dergleichen Bestimmungen im Grundbuche vermerkt haben, so stelle man den bezüglichen Antrag bei der Auflassung. Bei späteren desfallsigen Eintragungen werden dafür besondere Kosten angesetzt. (§. 1. 1. §. 3. des Kostentarifs.)

In den verwickelteren Fällen wird man sich mit Erfolg eines Vertrages, wie solchen die Anlage B entwirft, bedienen. Vermögen jedoch die Interessenten die Tragweite der Abreden nicht zu übersehen, so mögen sie einen Rechtsbeistand zuziehen. Der notarielle oder gerichtliche Vertrag wird auch dann nicht helfen, weil Notare und instrumentirende Richter nur aufzunehmen haben, was die Interessenten erklären, und somit unvorsichtige Kontrahenten doch in den seltensten Fällen schützen können, falls sie aber schützen wollen, in Gefahr gerathen, aus der ihnen vom Gesetze zugewiesenen Rolle als Urkundspersonen herauszutreten, und nur die Rechte des einen der Kontrahenten wahrzunehmen.

Auf Grund des so oder anders zu Stande gebrachten Vertrages erfolgt dann die Auflassung, und muß sich daran der Antrag schließen, was sonst im Grundbuche vermerkt werden soll, also im Falle, daß rückständige Kaufgelder einzutragen sind, wie oben, — im Falle, daß Beschränkungen in Abtheilung II*) einzutragen sind, muß ein desfallsiger Antrag gestellt werden.

Hinzuweisen ist aber in allen Fällen darauf, daß nach

*) Ueber die Bedeutung der Abtheilung II s. Seite 16.

§. 41 des Gesetzes*) über den Eigenthumserwerb, wer Hypotheken übernimmt **) in Anrechnung auf das Kaufgeld, dem Gläubiger persönlich verhaftet wird, ohne daß dieser dem betreffenden Vertrage beitritt, daß aber der Veräußerer seine persönliche Verpflichtung nur los wird, wenn er (also nicht das Grundbuch-Amt) dem Gläubiger die Schuldübernahme bekannt macht, und dieser nicht innerhalb eines nach §. 41 cit. zu berechnenden Jahres gekündigt, und binnen weiteren 6 Monaten die Forderung eingeklagt hat.

Endlich bleibt zu beachten, daß, wenn ein Altentheil einzutragen ist, jedenfalls eine in beglaubigter Form einzureichende Festsetzung des Altentheiles ***) mitzubringen ist.

---

*) Der §. 41 lautet:

„Hat der Erwerber eines Grundstücks die auf demselben haftende Hypothek in Anrechnung auf das Kaufgeld übernommen, so erlangt der Gläubiger gegen den Erwerber die persönliche Klage, auch wenn er dem Uebernahmevertrag nicht beigetreten ist.

Der Veräußerer wird von seiner persönlichen Verbindlichkeit frei, wenn der Gläubiger nicht innerhalb eines Jahres, nachdem ihm der Veräußerer die Schuldübernahme bekannt gemacht, die Hypothek dem Eigenthümer des Grundstücks gekündigt und binnen sechs Monaten nach der Fälligkeit eingeklagt hat.

Ist das Kündigungsrecht für eine bestimmte Zeit ausgeschlossen oder an den Eintritt eines bestimmten Ereignisses geknüpft, so beginnt die Frist mit Ablauf der Zeit oder Eintritt des Ereignisses."

**) Ueber den Unterschied zwischen Hypotheken und Grundschulden siehe Seite 21.

***) Unter Altentheil versteht man den von Eigenthümern bei Ueberlassung ihrer Grundstücke gemachten Vorbehalt auf ihre oder ihrer Anverwandten lebenslängliche Unterhaltung von dem Grundstücke. Das Altentheil kommt meist nur bei ländlichen Verhältnissen, und besonders bei Gutsüberlassungen von Eltern an eines der Kinder zu Gunsten der Eltern oder eines Geschwisters vor. Das Altentheil pflegt, außer aus der kostenfreien Wohnung in bestimmten Räumlichkeiten, in freiem Tisch, Verpflegung, einem Taschengeld, Gewährung von Brennmaterial, oder Eßwaaren zu bestehen, und ist je nach den Ortschaften außerordentlich verschieden.

(§. 76 Gr.-B.-O.) Insofern also nicht überhaupt ein Kaufvertrag aufgenommen wird, müssen die Festsetzungen, betreffend das Altentheil zu Hause niedergeschrieben werden, und diese Festsetzungen, beziehentlich die Niederschriften sind vom Schulzen, oder einem ein öffentliches Siegel führenden Beamten zu beglaubigen. Niemals aber darf verabsäumt werden, etwa vorhandene stempelpflichtige, das Veräußerungsgeschäft enthaltende Urkunden einzureichen, weil nach §. 2 des Gesetzes betreffend die Stempelabgaben vom 5. Mai 1872 dieser Stempel auf den Auflassungs-Stempel anzurechnen ist.

Soll nicht sofort Eigenthum übertragen werden, so kann auch die Auflassung noch nicht erfolgen. Es wird dann Sache der Kontrahenten sein, in dem aufzunehmenden Vertrage sich vorzusehen. Käufer wird für sich eine Vormerkung*) eintragen lassen müssen, Verkäufer dagegen wird sich eine Konventionalstrafe stipuliren müssen. Für letztere möchte sich der Verlust der Anzahlung oder eines Theiles derselben empfehlen. Für erstere wird empfohlen, die Vormerkung so fassen zu lassen, daß dieselbe auf einseitigen Antrag des Veräußerers etwa acht bis zehn Tage nach dem Auflassungstermine gelöscht werden soll. Liegt dann die Schuld, daß das Geschäft sich zerschlägt, am Käufer, so braucht Verkäufer nicht erst zu klagen, um die Löschung der Vormerkung zu erlangen, und der Käufer erscheint gesichert, da er inner-

*) Unter Vormerkung in diesem Sinne versteht man eine Einschreibung in das Grundbuch in Abtheilung II (die auf mündlichen oder beglaubigten schriftlichen Antrag beim Grundbuchrichter) erfolgt, dahin, daß zur Erhaltung der Rechte des X. auf Auflassung dieses Grundstücks eine Vormerkung, also ein Jedermann, der sich in Unterhandlungen bezüglich dieses Grundstücks einlassen will, aufmerksam machender Vermerk eingetragen sei. Ueber die Bedeutung der Vormerkung sind die Ansichten der Juristen nicht völlig übereinstimmend. Die Meisten halten dafür, daß, so lange die Vormerkung eingetragen ist, der Eigenthümer nur zu Gunsten desjenigen, für welchen vorgemerkt ist, über das Grundstück verfügen kann.

halb der acht Tage im Prozeßwege eine neue Vormerkung erlangen kann.

Einen bezüglichen Vertrags-Entwurf enthält die Anlage C.

Soll dagegen ein Trennstück von einem anderen Grundstücke erworben werden, so muß nach §. 58 Gr.-B.-O.,*) bevor die Auflassung erfolgen kann, eine vom Fortschreibungs-Beamten beglaubigte Karte, und ein Steuerbuchs-Auszug beschafft werden.

Zur Verdeutlichung wird bemerkt, daß ein solcher Steuerbuchs-Auszug diejenigen Handlungen im Voraus vorbereiten soll, welche sich an die Parzellirung anschließen, insbesondere auch die Vertheilung der Grundsteuer.

Zur Beschaffung desselben begeben sich die Interessenten oder einer derselben zu dem betreffenden Kataster-Kontrolleur. Dieser trägt in die Steuerkarte die Figur des Trennstückes ein, und bezeichnet auf der Karte den in andere Hände gelangenden Flächen-Abschnitt mit einer Zahl. Der Steuerbuchs-Auszug enthält dann linker Hand den bisherigen Besitzstand, rechter Hand den künftigen Besitzstand unter Angabe des Grundsteuer-Reinertrages der abzuveräußernden Fläche. Der Katasterbeamte giebt noch zwei auf geölter Leinewand gezeichnete Kopieen der Steuerkarte für die Grundakten von Stamm- und Trennstück bei, welche zugleich eine willkommene Kontrolle des Steuerbuchs-Auszugs geben.

Außerdem aber muß Behufs der Auflassung feststehen, wie es mit den Eintragungen in Abtheilung II und III des Stammguts**) werden soll. Denn nach §. 48 Gr.-B.-O. soll sich die Eintragung sofort an die Auflassung anschließen.

---

*) Grundbuch-Ordnung §. 58. „Wenn ein Grundstück, welches von einem eingetragenen Grundstück abgezweigt werden soll, auf ein anderes Blatt oder einen anderen Artikel zu übertragen ist, so muß das einzutragende Grundstück in der Auflassungserklärung nach dem Steuerbuch unter Beifügung eines beglaubigten Auszuges aus demselben und einer von dem Fortschreibungsbeamten beglaubigten Karte, aus welcher die Größe des abgezweigten Grundstücks hervorgeht, bezeichnet werden.

**) Wegen Abtheilung II. und III. siehe Seite 16.

Sollen alle Eintragungen, welche auf dem Stammgute haften, übertragen werden, so bedarf es freilich eines Mehreren nicht, indessen wird es gewiß selten die Absicht des Parzellenerwerbers sein, ein so belastetes Blatt zu erhalten. Freilich die Renten an den Domainenfiskus und die Rentenbank wird der Erwerber des Trennstücks übertragen lassen können, denn von diesen Renten muß er doch eine entsprechende Quote übernehmen, und wenn auch die Mithaft für die ganze auf dem Stammgrundstücke haftende Rente eingetragen wird, so wird der Berechtigte (Fiskus beziehungsweise Rentenbank) doch nie weiter gehende Ansprüche als für die Stückrente erheben. Anders steht es aber schon mit Altentheilen und gar mit Schulden, — also Eintragungen in Abtheilung III. Bezüglich dieser wird man am besten die Berechtigten, — insoweit es sich um Gläubiger der Abtheilung III. handelt, mit den Dokumenten über ihre Forderungen, — nach dem Grundbuch-Amte mitbringen, damit sie im Anschluß an die Auflassungs-Verhandlung sofort die Entpfändung des Trennstücks, bezw. das Einverständniß mit der Theilung der Forderung zu Protokoll erklären.

Kann man die Gläubiger nicht mitbringen, so beschaffe man vorher notarielle oder notariell rekognoscirte Erklärungen der Gläubiger, welche mit den Dokumenten zum Termine mitgebracht werden. Nehmen die Gläubiger Anstand, die Dokumente dem Schuldner auszuhändigen, so können sie solche dem Grundbuch-Amte unmittelbar einsenden.

Erst, nachdem Alles so vorbereitet ist, daß dem Grundbuchrichter sofort klar und deutlich angegeben werden kann, was er nun sogleich eintragen soll, begebe man sich zum Grundbuch-Amte, wenn man nicht unverrichteter Sache heimzukehren wünscht. Einen Entwurf zu einem Parzellirungsvertrage enthält die Anlage C I.

Es kann dabei nicht entschieden genug darauf hingewiesen werden, daß in Grundbuchsachen überall die Bevormundung der Interessenten durch den Richter aufgehört hat, und daß Nichts ohne Antrag geschieht.

Wer also beim Grundbuchrichter Anträge stellen will, muß sich klar werden, was er und wie er es will. Unter Anderm ist auch zu beachten, daß das Grundbuch-Amt nicht, wie es der frühere Hypothekenrichter that, von Amtswegen Abschriften der Parzellirungsverträge dem Landrath ertheilt (§. 57 Gr.-B.-O. und Anm. 123 dazu bei Bahlmann). Wer also die Abgaben-Vertheilung beschleunigen will, der muß selbst Abschriften der Verträge, beziehentlich Verhandlungen dem Landrath einreichen.

Auflassen kann nun überhaupt nur der eingetragene Eigenthümer, oder dessen Bevollmächtigter. Die Vollmachten müssen gerichtlich oder notariell oder doch gerichtlich bezw. notariell rekognoscirt sein.

Die Anlage D giebt ein Formular zur Vollmacht für den Veräußerer, wie für den Erwerber.

Ist der Veräußerer der einzige Erbe des eingetragenen Eigenthümers, so muß er doch zuvor sein Eigenthum in das Grundbuch eintragen lassen, bevor er auflassen kann. Nur bei Miterben, also wenn mehrere Erben ein ganzes Grundstück auflassen, kann davon abgesehen werden. (§. 5. Ges. über den Eigenthumserwerb 2c.)

Die Vertreter von Handels- resp. Aktiengesellschaften, oder von juristischen Personen haben sich über ihre Befugnisse durch Vorlegung der Statuten, und neuerliche Certifikate aus den Handelsregistern 2c. auszuweisen. Bei erlaubten Gesellschaften bedarf es der besonderen Einwilligung der vorgesetzten Behörde (§. 83. Allgemeines Landrecht Theil II. Titel 6). Zu erinnern ist jedoch, daß Prokuristen und Liquidatoren, wenn nicht eine öffentliche Versteigerung vorangegangen ist, zur Veräußerung von Grundstücken (erstere auch zur Belastung) Specialvollmacht haben müssen. (Art. 42. Abs. 2. 137. 244 Handelsgesetzbuchs.) So oft es sich um schwierige oder weitläufige Legitimationsfragen handelt, insbesondere, wenn verschiedene Testamente und Vollmachten zu prüfen sind, empfiehlt es sich, vorher den Grundbuchrichter unter Ueberreichung der Urkunden zu befragen, ob er die Legitimation für geführt erachtet.

Vormünder und Kuratoren bedürfen aber stets einer ausdrücklichen Ermächtigung des Gerichtes zur Abgabe von Auflassungs-Erkläruugen.

Tauschverträge werden, wenn die vertauschten Grundstücke nicht in dem Bezirke desselben Grundbuch-Amtes liegen, zweckmäßig in zwei Kaufverträge aufzulösen sein, damit nicht derjenige, welchem zuerst aufgelassen ist, nachträglich den zuerst Auflassenden durch Verweigerung der Auflassung schädigen kann.

Im Falle zu b, — also bei nicht freiwilliger Veräußerung, — ist bisher Nichts geändert worden. (§. 5 Ges. betr. den Eigenthumserwerb.) Es kommt insbesondere in Betracht die Subhastation, — die Expropriation, — endlich die Vererbung.

Bei der Subhastation wird zwar Eigenthum durch den Zuschlagsbescheid erworben (§. 342 Allgemeines Landrecht Theil I, Titel 11; §. 57 Ges. vom 15. März 1869 Anm. 47 dazu bei Wachler.) Allein der Eigenthümer erlangt das Verfügungsrecht über das Grundbuchblatt erst durch seine Eintragung, und diese wiederum wird nicht vor erfolgter Belegung der Kaufgelder bewirkt.

Danach muß jetzt der Ersteher das Kaufgeld aus eigenen Mitteln, bzw. durch persönlichen Kredit beschaffen, soweit er nicht Hypotheken übernimmt. Eine vor der Eintragung des Eigenthums vom Ersteher bestellte Hypothek wird nicht nachträglich durch die Eintragung des Eigenthumes des Erstehers wirksam. Der §. 16 Allgemeines Landrecht Theil I Titel 20, welcher solches verordnete, hat für das Pfandrecht an Grundstücken seine Kraft verloren. (Förster, Grundbuchrecht, Seite 173.)

Expropriirte Grundstücke müssen erst übergeben werden; vorher kann ohne Zustimmung des Expropriaten nicht einmal eine Vormerkung anders als im Prozeßwege erlangt werden. (§. 11 Abs. 2, Ges. vom 3. November 1838).

Expropianten müssen deshalb schleunigst die Uebergabe be- schaffen, und die Abschreibung betreiben.

Bei Vererbungen ist das Testament in Ausfertigung, — oder, wenn kein Testament vorhanden, — eine, vom Nach- laßgericht nach Maßgabe des Gesetzes vom 15. März 1869 (Ges.-Samml. S. 473) zu beschaffende Erbbescheinigung vor- zulegen.

Legatare, — und auch ein Miterbe, welchem ein Grund- stück im Voraus oder zu einem gewissen Preise vermacht ist, ist insoweit Legatar, — bedürfen der Auflassung Seitens der Erben.

Insofern der Fall stempelpflichtig ist, muß, um die Ein- tragung zu erlangen, nachgewiesen werden, daß der Stempel bezahlt ist (§§. 9, 16—18 Ges. vom 7. März 1822). Diese Vorschrift kommt aber nur noch zur Anwendung für Erb- schaften, welche vor dem 1. Januar 1874 angefallen sind. (§§. 48, 49 Ges. vom 30. Mai 1873, Ges.-Samml. S. 329).

II. Die Eintragungen in Abtheilung II und III betreffend.

Das im Grundbuche für jedes Grundstück angelegte Blatt, — von anderen durch die Bezeichnung Blatt-Nummer (also z. B. 10, 20 u. s. w.) unterschieden, — umfaßt verschiedene Blätter. Von diesen Blättern enthalten die ersten den so- genannten Titel, der so lautet:*)

Bezeichnung des Grundstückes.							Abschreibungen.					
Nr.	Bestand-theile.		Größe			Rein-ertrag Nutzungs-werth.	Bezeichnung des Theilstückes		Größe			Rein-ertrag Nutzungs-werth.
			Hekt.	Ar	□ Meter				Hekt.	Ar	□ Meter	

*) Es wird dabei nur Rücksicht genommen auf die Gegenden, in welchen Real- und nicht sogenannte Personalfolien angelegt sind, wo also die Grundstücke Blätter erhalten, und nicht Blätter für den sämmtlichen Besitz einer Person angelegt sind. Außer in Sachsen und Westphalen werden Personalfolien, so viel hier ermittelt, kaum vorkommen.

Unter Bezeichnung des Grundstückes hat man dessen Bestandtheile aufzusuchen. Um sich eine Ansicht zu verschaffen, wie groß dasselbe jetzt ist, muß man von diesen Bestandtheilen abrechnen, was in Spalte Abschreibungen nach anderen Blättern übertragen ist.

Die Spalte Reinertrag bezw. Nutzungswerth läßt erkennen, zu welchem Ertrage das Land bei den Schätzungen behufs Ermittelung der Grundsteuer geschätzt worden ist, bezw. welcher Nutzungswerth nach der Schätzung zur Gebäudesteuer anzunehmen ist.

Einige weitere Blätter enthalten die Abtheilung I, die so eingetheilt ist:

Nr.	Eigenthümer.	Zeit und Grund des Erwerbes.	Werth.			
				Rℓ	Sg	₰

Die Einsicht dieser Abtheilung ergiebt, wer Eigenthümer ist. Man muß dazu Spalte 1 einsehen.

Die dritte Spalte enthält den Kaufpreis wo solcher eingetragen ist, und die Vermerke über Feuerkassenwerth, wo solche ersichtlich sind.

Einige weitere Blätter enthalten die Abtheilung II, für welche das Formular lautet:

Nr.	Betrag.	Dauernde Lasten und Einschränkungen des Eigenthumes.	Veränderungen		Löschungen	
			Eintragung	Löschung.	Nr.	

Diese Abtheilung enthält: 1) dauernde Lasten und wiederkehrende Geld- und Natural-Leistungen, welche auf einem privatrechtlichen Titel beruhen, aber nicht die an den Staat zu entrichtenden öffentlichen Abgaben und Leistungen, nicht die Leistungen zur Erfüllung der Deichpflicht, und nicht die nach Gesetz oder Verfassung auf dem Grundstücke haftenden Abgaben und Leistungen, welche aus dem Kommunal-, Kreis- und Provinzialverbande, oder aus dem Kirchen-, Pfarr- und Schulverbande entspringen, oder an Kirchen, Pfarren und Schulen, oder an Kirchen- und Schulbediente zu entrichten sind, oder welche aus der Verpflichtung zu öffentlichen Wege-, Wasser- oder Ufer-Bauten entstehen; oder welche an Meliorationsgenossenschaften oder andere gemeinnützige, unter der Autorität des Preußischen Staates bestehende Institute, namentlich an Vereine behufs gemeinschaftlicher Uebertragung der durch Brand, Hagelschlag oder Viehsterben entstandenen Schäden zu gewähren sind; — 2) Beschränkungen des Eigenthumes und des Verfügungsrechtes des Eigenthümers.

Gesetzliche Vorkaufsrechte, Grundgerechtigkeiten, Miethe und Pacht bedürfen aber nicht der Eintragung.

Hiernach wird man ungefähr ein Bild gewinnen, was man noch an Lasten außer den eingetragenen erwarten kann.

Die Spalte Veränderungen ergiebt, ob die Lasten noch so, wie sie eingetragen sind, bestehen, und, ob diese Veränderungen etwa wieder weggefallen sind, läßt die Unterspalte Löschungen erkennen. Die Hauptspalte Löschungen aber ergiebt, ob etwa die Last ganz weggefallen ist, da sie dann gelöscht, und der bezügliche Vermerk in der Hauptspalte roth unterstrichen wird. Die letzten Blätter enthalten endlich die dritte Abtheilung. Für diese lautet das Formular ähnlich wie für die zweite Abtheilung, nur ist überall der Betrag, welcher erkennbar macht, wie hoch die Post sich beläuft, vorangestellt.

Die dritte Abtheilung ist nur für Hypotheken und Grundschulden; — (über den Begriff „Hypotheken" und Grundschulden siehe weiter unten Seite 21.

Um daraus zu entnehmen, wer Gläubiger ist, muß man diejenigen Posten, welche in der ersten Spalte noch nicht roth unterstrichen sind, verfolgen, also vergleichen, was bezüglich dieser in der zweiten Spalte eingetragen ist. Da aber diese Eintragungen chronologisch erfolgen, so muß man sich gewissenhaft überzeugen, wie viele der Eintragungen diese Post angehen. Ist ein Theil der Post gelöscht, so ist der gelöschte Betrag in der Unterspalte Betrag der Spalte 1 abgerechnet. Veränderungen in Betreff der Verzinsung, bezw. Rückzahlung läßt Spalte II erkennen, ausnahmsweise auch bei Verringerung des Zinssatzes Spalte III.

Zum besseren Verständnisse halte man ein für allemal daran fest, daß roth unterstrichene Stellen für den gegenwärtigen Zustand überall nicht in Betracht kommen.

Wenden wir uns nun zu den Eintragungen in Abtheilung II und III.

Die Erleichterungen für den Verkehr in Grundbuchsachen, welche sich aus den §§. 32 und 33 Gr.-B.-O. ergeben, werden durchaus noch nicht überall im Sinne des Gesetzgebers ausgenutzt. Es genügen

a) schriftliche Anträge, welchen die beglaubigten Urkunden beiliegen, in welchen die Betheiligten die beantragte Eintragung oder Löschung schon bewilligt haben, oder
b) Anträge beim Grundbuchrichter, oder
c) gerichtlich bezw. notariell aufgenommene resp. beglaubigte Anträge.

Zur Eintragung eines Rechtes in der zweiten Abtheilung genügt also auch der schriftliche Antrag des Berechtigten unter Beibringung des Konsenses des eingetragenen Eigenthümers in beglaubigter Form oder eines auf Eintragung erkennenden rechtskräftigen Urtheiles; — und ferner der notariell — ohne Zuziehung von Zeugen, — beglaubigte Antrag des Berechtigten.

Formulare für den schriftlichen Antrag — und für den durch einen Notar zu beglaubigenden Antrag sind in den Anlagen E. und F. beigefügt.

Bemerkt wird dabei wiederholt, daß in Abtheilung II eingetragen werden sollen (§. 11 Gr.=B.=O.) dauernde Lasten, wiederkehrende Geld= und Natural=Leistungen, welche auf privatrechtlichem Titel beruhen, und Beschränkungen des Eigenthumes und des Verfügungsrechtes des Eigenthümers. Ueber die Eintragungen in Abtheilung II werden Dokumente nicht gebildet.

In die zweite Abtheilung gehören also auch Geldrenten. Kirchliche und andere Abgaben, welche nicht auf privatrechtlichem Titel beruhen, gehören gar nicht in das Grundbuch.

Baubeschränkungen gehören in die zweite Abtheilung; Bauverpflichtungen werden sich schwerlich unter die dauernden Lasten oder unter die Beschränkungen des Eigenthumes rechnen lassen.

In Betreff der Löschung solcher Berechtigungen gilt dasselbe, was von der Löschung der Eintragungen in Abtheilung III, wovon weiter unten die Rede sein wird.

Zu bemerken ist noch, daß sehr oft die Verträge so gefaßt werden, daß die Eintragungen in Abtheilung II, für welche doch stets der Berechtigte konstituirt werden muß, nur für die Person des Verkäufers bewirkt werden können. Dies wird aber selten der Absicht der Betheiligten entsprechen, da dann der Wegfall des Verkäufers durch Tod, oder weil er kein Recht mehr dort verfolgen will, das ganze Recht hinfällig macht. Es wird also sich mehr empfehlen, diese Rechte dem jedesmaligen Eigenthümer eines genau bezeichneten Grundstückes bestellen zu lassen, damit die Verpflichtung nicht an der Person hänge.

In Bezug auf die Eintragungen in Abtheilung III sind Grundschulden und Hypotheken zu unterscheiden.

Der aus einer Grundschuld Berechtigte, — und dies kann auch der Eigenthümer des Grundstückes sein, — erlangt die auch durch Blanko=Cession übertragbare Befugniß, in Höhe des angegebenen Betrages aus dem Grundstücke seine Befriedigung zu verlangen. Er hat also einen gegen jeden Eigenthümer des Grundstückes durch Subhastation verfolg=

baren Anspruch. Gelangt aber der Anspruch bei der Subhastation nicht oder nur theilweise zur Hebung, so ist der Anspruch selbst, bezw. der ausgefallene Theil erloschen.

Die Hypothek ist dagegen im Wesentlichen unverändert nur ein Zubehörstück eines persönlichen Anspruches. Indem für eine persönliche Schuld ein Pfandrecht an einem Grundstück bestellt wird, entsteht die Hypothek, und zwar erst durch die Eintragung in das Grundbuch, welche dann dahin wirkt, daß der Gläubiger sich zunächst an sein Pfand zu halten hat. Fällt er aber bei der Subhastation aus, so wird er sich noch an den ursprünglichen Schuldner halten können, insofern dieser nicht seine Befreiung erlangt hat*) (§. 41 Gesetz über den Eigenthumserwerb). Nach der so eben erwähnten Gesetzesstelle können sogar verschiedene frühere Grundstücksbesitzer persönlich haften.

Vorzuziehen ist danach gewiß stets eine Hypothek, und kommen auch in Berlin Grundschulden bisher nur recht selten vor. Erst die neueste Krach-Epoche hat die Grundschulden mehr aufkommen lassen. Aeußerlich unterscheidbar sind Grundschuldbriefe und Hypothekenbriefe dadurch, daß letzteren stets die Schuldurkunde angeheftet sein muß. Ueber Hypotheken brauchen nicht Dokumente gebildet zu werden, man kann auf Hypothekenbriefe verzichten, über Grundschulden müssen stets Grundschuldbriefe gefertigt werden.

Ueber Grundschulden können Zinsquittungsscheine nach Art der Coupons von Papieren auf den Inhaber gefertigt werden. Dieselben sind aber ohne Datum und Unterschrift. Sie sind auch für den Grundstückseigenthümer insofern sehr unbequem, als derselbe um die Löschung der Grundschuld zu erlangen, die noch nicht verjährten Zinsquittungsscheine vorlegen muß. (§. 95 Gr.-B.-O.).

Die mancherlei sonstigen Unterschiede zwischen Hypotheken und Grundschulden berühren den Praktiker wenig. Nur das sei noch hervorgehoben, daß bei Hypotheken die Entstehung der Schuld Gegenstand der Erörterung werden kann, während

---

*) Siehe vorn Seite 10.

gegen die Klage aus einer Grundschuld Einreden nur soweit zulässig sind, als sie dem Beklagten gegen den jedesmaligen Kläger unmittelbar zustehen oder aus dem Grundschuldbrief sich ergeben, oder die zu Grunde liegenden Thatsachen dem Kläger beim Erwerb der Grundschuld bekannt gewesen sind. (§. 38 Ges. über den Eigenthumserwerb.)

Dr. Heidenfeld bemerkt in seinem Immobiliarrecht, daß sich neben der Hypothek die Grundschuld schwerlich einbürgern werde, und hebt hervor:

„Der Grundschuld steht schon vorweg die Gewohnheit entgegen, welche ohne dringende Nothwendigkeit nicht zu einem unbekannten und in seinen Folgen nicht so leicht erkennbaren Mittel greift, feindlich entgegen. Die leichte Begebbarkeit welche der Hauptzweck des — allerdings sogar durch Blanko-Cession übertragbaren, — Grundschuldbriefes ist, geht für die Grenzen des Verkehres, den der Real-Kredit erzeugt und erheischt, über das Bedürfniß hinaus. Die Grundstücksbelastungen werden niemals mit den Börsenpapieren wetteifern können. Die ersteren entbehren des Reizmittels, welches den letzteren eigen ist, der Möglichkeit eines großen und schnell zu erzielenden Gewinnes, den der fluktuirende Cours gewähren kann. Ein coursfähiges Papier billigst zu erwerben, und zu hohem Course zu verkaufen, hält Niemand für ein Unrecht.

Wohl aber fürchten Viele dem Vorwurfe eines wucherlichen Treibens sich auszusetzen, wenn sie mit erheblichem Damno eine Hypothek erwerben. Darin kann die Form der Grundschuld Nichts ändern. Der Einzelne bleibt hier dem Einzelnen gegenüber, was bei Börseneffekten nicht zutrifft. Der Erwerb einer Hypothek oder Grundschuld hängt ferner von dem Werthe eines einzelnen Grundstückes, und von der Sicherheit einer bestimmten Rangstelle ab. Das erfordert sorgfältige Prüfungen, welche einen dem Handel in Börsenpapieren auch nur annähernd ähnlichen unmöglich machen.*)

*) Anders liegt die Sache bei den Grundschulden in einer Stadt wie Lübeck, von wo das Institut übertragen sein soll. Dort kennt jeder

Wer sein Kapital in Hypotheken anlegt, sucht die größtmögliche Sicherheit, und abstrahirt von dem Gewinne, er begnügt sich mit einem mäßigen Zinse.

Für ihn hat daher die leichte Cirkulationsfähigkeit des Papiers einen untergeordneten Werth. Weil er aber möglichste Sicherheit beabsichtigt, wird er die Form, welche ihm neben der Sicherheit des Grundstücks auch noch die Haftbarkeit der Person gewährt, regelmäßig vorziehen.

Es ist in der That nicht abzusehen, warum der Kapitalist der verstärkten Sicherheit nicht den Vorzug geben sollte. Obenein muß der Grundschuldner dem Hypothekengläubiger die Zinsen in's Haus schaffen, während der Inhaber des Zinsquittungsscheins sich bei dem Eigenthümer melden muß. Ein verlorner Zinsquittungsschein kann bei dem Verbot des Aufgebots den Gläubiger zu Nachtheilen bringen, denen er als Hypothekengläubiger nicht ausgesetzt ist.

Da auch bei der Hypothek der dritte redliche Erwerber ausreichend geschützt ist, wird der höhere Grad der Beschränktheit der Einreden kein Reizmittel für den Erwerb von Grundschulden sein. Auch dem Eigenthümer des Grundstücks bietet die Grundschuld mancherlei Verlegenheiten.

Er will das Kapital kündigen, weiß aber nicht, in welchen Händen der Grundschuldbrief sich befindet. Am Zinsentermine erfährt er es nicht, denn es meldet sich (vielleicht) irgend ein Erwerber des Zinsquittungsscheins, der dem Eigenthümer über den Inhaber des Grundschuldbriefes nicht die mindeste Auskunft zu geben vermag. Es bleibt ihm Nichts übrig, als sich die Kosten und die Beschwerlichkeiten des Aufgebots gemäß §. 106 der Grundbuch-Ordnung auf-

Börsenbesucher den Werth aller irgend bedeutenderen Besitzungen. Hier etwas Aehnliches zu erzielen, müßte man ein Institut begründen, oder konzessioniren, welches gegen eine Prämie die Garantie für die Grundschuld übernähme, und diese Garantie durch eine einfache Abstempelung der Grundschuldbriefe gewährte. Bezügliche Verhandlungen haben bereits geschwebt, sind aber aus dem Verfasser unbekannten Gründen nicht zum Abschluß gediehen.

zubürden. — Oder, der Grundeigenthümer will das Grundstück parzelliren, er bedarf der Exnexuation des Gläubigers; aber wie soll er ihn schnell ausfindig machen? Oder es handelt sich für den Eigenthümer um die Erlangung einer Prioritätseinräumung, — ein Fall, der bei beabsichtigter Beleihung durch eine Hypothekenbank, welche nach ihren Statuten regelmäßig nur zur ersten Stelle beleihen, leicht vorkommen kann; hier ergiebt sich dieselbe Schwierigkeit."

Zu bemerken ist auch noch, daß die Formulare zum Zinsquittungsbogen nur lauten:

Die am ten fälligen Zinsen von der Abtheilung III. Nr. in dem Grundbuche von Y. Band I. Blatt Nr. 1. auf dem Gute Z, Kreises B, eingetragenen Grundschuld von Thlr. sind bezahlt.

Königliches Grundbuchamt beim Kreisgericht
zu Berlin.

(Stempel.)

und daß diese nicht unterschriebenen Scheine (§. 128 G.-B.-O.) schwerlich als Urkunden, welche aufgeboten werden können, anzusehen sind, ja, daß sich sogar erhebliche Bedenken ergeben, ob sie als öffentliche Urkunden im Sinne des §. 267 D. Str.-G.-B. anzusehen sind, und ob also wegen nachgemachter Urkunden ein Verbrecher mit der härteren Strafe aus §. 268. Abs. 2. D.-Str.-G.-B. belegt werden kann.

Um die Eintragung bewirken zu können, muß die Eintragungsbewilligung enthalten:

a) den Namen eines bestimmten Gläubigers,
b) die Bezeichnung des verpfändeten Grundstückes,
c) eine bestimmte Summe in gesetzlicher Währung,
d) den Zinssatz oder die Bemerkung der Zinslosigkeit,
e) den Anfangstag der Verzinsung,
f) die Bedingungen der Rückzahlung

und falls die Größe des Anspruchs zur Zeit der Eintragung noch unbestimmt ist (Kautions-Hypothek) den höchsten Betrag, bis zu welchem das Grundstück haften soll. (§§. 23, 24 Ges. über den Eigenthumserwerb.) Bei der Hypothek muß aber auch stets der Schuldgrund angegeben, und, — wie bereits erwähnt, — die Schuldurkunde vorgelegt werden. (§. 19 Nr. 1 des vorgedachten Gesetzes.)

Wie eine Urkunde, welche behufs Eintragung einer Hypothek, natürlich nach Verwendung des erforderlichen Stempels, zu übergeben ist, etwa lauten muß, ergiebt die Anlage G. G.

Zu derselben wird bemerkt, daß meist nur für den Gläubiger die bedingte Nichtkündbarkeit festgestellt wird. Für den Schuldner hat dieselbe schon darum keinen Zweck, weil er sehr leicht den Eintritt der Bedingung durch nicht prompte Zinszahlung herbeiführen könnte, und dann also doch befugt wäre, zu kündigen. Soll der Schuldner auf eine gewisse Zeit hinaus nicht befugt sein, zu kündigen, so muß dies ausgedrückt werden.

Eine Berechtigung zu kündigen, kann an jedem beliebigen Tage ausgeübt werden, und nicht, wie oft irrig angenommen wird, nur an den Kalenderquartalsersten. Soll nur an diesen letzteren Tagen die Kündigung zulässig sein, so muß auch dies in der Urkunde ausgesprochen werden.

Eine solche Urkunde wird dem Grundbuch-Amte zu Protokoll überreicht, oder aber gerichtlich oder notariell beglaubigt mit einem Anschreiben, wie solches in der Anlage H entworfen ist. H.

Soll eine Grundschuld eingetragen werden, so genügt ein notariell oder gerichtlich beglaubigter Antrag, wie solchen die Anlage I enthält. I.

Im Falle einer Abtretung oder Verpfändung der Post genügt ein notariell oder gerichtlich beglaubigter Antrag des betreffenden Gläubigers, wie solchen die Anlagen K, bezw. L aufweisen. K. u. L. Diesen Antrag kann der Erwerber mit einem einfachen Anschreiben und mit der Bitte überreichen, dem in der Anlage gestellten Antrage zu entsprechen; doch ist das bezügliche Dokument einzureichen. Einen Entwurf für das Anschreiben enthält die Anlage M. M.

Insofern es sich um eine Theilabtretung handelt, wird

der Antrag so lauten müssen, wie ihn die Anlage N enthält.
N. Zu bemerken ist dabei nur, daß dann das Anschreiben angeben muß, wem das Haupt- und wem das Zweigdokument zugestellt werden soll.

Wenn die Löschung nachgesucht werden soll, ist das Dokument und die Löschungsbewilligung so wie der Löschungsantrag, letztere **beide** gerichtlich oder notariell beglaubigt, einzureichen.

O. Ein Probeformular enthält die Anlage O.

Bei Löschung der Eintragungen in Abtheilung II. genügt die gerichtlich oder notariell beglaubigte Löschungsbewilligung des Berechtigten, welche mit einem einfachen Anschreiben, die bewilligte Löschung zu bewirken, natürlich ohne ein Dokument, da ein solches über Eintragungen in Abtheilung II. nicht gebildet wird, einzureichen ist.

Soll eine Prioritätseinräumung oder eine Entpfändung eines Theilstücks eingetragen werden, so genügen gerichtlich oder notariell beglaubigte Erklärungen des Gläubigers, wie P. u. Q. solche die Anlagen P und Q enthalten. Diese müssen mit den betreffenden Dokumenten eingereicht werden, und zwar mit den Dokumenten, weil der Uebergang des Eigenthums der Forderungen bezw. die Entstehung des Pfandrechts an einer Forderung **nicht** an die Eintragung in das Grundbuch gebunden ist, und demgemäß nur der fortdauernde Besitz des Dokuments die Gewähr dafür giebt, daß der betr. Erklärende noch unbeschränkter Eigenthümer der Forderung ist.

Indessen bleibt zu beachten, daß **nur** eingetragene Gläubiger Vorrecht einräumen können, daß also für diejenigen, welche die Forderung erworben haben, sich aber nicht als Eigenthümer der Forderung haben in das Grundbuch eintragen lassen, zugleich die Umschreibung der Forderung erfolgen und nachgesucht werden muß, unter Beibringung aller dazu erforderlichen Urkunden, also Testamente, Cessionen u. s. w.

Soll die Eintragung der Prioritäts-Einräumung auch aus dem Dokumente über die vortretende Post erhellen, so muß selbstverständlich auch das bezügliche Dokument über die vorrückende Post vorgelegt werden.

Vielfach wird auch die Frage angeregt, welchen Nutzen es bringe, wenn die Umschreibung der Post auf dem Cessionar im Grundbuche erfolge.

Vorstehend sind bereits einige Fälle erwähnt, in welchen die Umschreibung unbedingt nothwendig ist. Aber auch sonst erscheint die Eintragung der Cession in das Grundbuch durchaus vortheilhaft, weil sonst der Cessionar sich als Inhaber der Forderung legitimiren muß, und weil er nur nach der Umschreibung von den Eigenthumsveränderungen und von der Subhastation Nachricht erhält.

Viele Grundstücks-Eigenthümer glauben, die Forderungen der Gläubiger beseitigt zu haben, wenn sie nur thatsächlich gezahlt haben. Das genügt in keiner Weise. Es bedarf auch dann noch einer gerichtlichen oder notariellen Quittung oder doch der Löschungsbewilligung des Gläubigers, und zwar verbunden mit einem Antrage des Schuldners beim Grundbuche, die Post zu löschen.

Andere sind im Zweifel, ob sie die Löschung beantragen, oder sich die weitere Verfügung, zu welcher sie berechtigt sind, vorbehalten sollen. Um darüber eine Ansicht äußern zu können, was im einzelnen Falle zu empfehlen, bedarf es eines Einblicks in die Verhältnisse des Eigenthümers.

Stehen hinter der getilgten Post noch andere Posten, und erwartet der Eigenthümer, sich noch fernerweit Geld beschaffen zu müssen, so empfiehlt es sich freilich, daß er die Urkunde nebst der notariellen Quittung oder Löschungsbewilligung behufs künftiger Weiterabtretung der Forderung aufbewahrt. Auch für Leute, die einen größeren Verkehr in Grundbuchsachen haben, und gelegentlich die Forderung in Zahlung geben, oder das Grundstück weiter veräußern möchten, ist die Aufbewahrung anzurathen. Landleute, oder Leute, welche nicht große Geschäftsgewandtheit haben, thun meistens besser, wenn sie die bezahlten Posten im Grundbuche sofort löschen lassen, schon weil sie sonst mit der sorgsamen Aufbewahrung der Urkunden sich befassen müssen. Dazu kommt noch, daß die Zins- und Zahlungsabreden der alten Urkunden bei solchen Interessenten selten passen, wenn die Forderung anderweit in den Verkehr gebracht werden soll, und die Umwandlungen ebenfalls nicht unbeträchtliche Kosten verursachen, und daß Gläubiger stets die einfachen Dokumente den schwer verständlichen alten Urkunden vorziehen. Wenn endlich oft geäußert wird, es empfehle sich, die bezahlte Post nicht löschen zu lassen, damit nicht in Folge der Schuldentilgung die Steuern erhöht werden, so ist dieser Einwand theils unwürdig, — ist der Betreffende noch nicht seinem Einkommen entsprechend herangezogen werden, so kann er sich nicht beklagen, wenn die Schätzung der Wahrheit näher kommt, und wird er überbürdet, so bleibt ihm die Beschwerde unbenommen, — theils unrichtig, weil die Steuerbehörden nicht nur das Grundbuch, sondern auch die Grund- und Notariats-Akten einsehen, also doch die Thatsache der Schuldentilgung ermitteln können.

Zu empfehlen bleibt noch, daß durchweg in die Anträge mitaufgenommen werde, wer die Kosten zu zahlen hat.

Vorläufig werden die Anlagen den Bedürfnissen genügen.

Es bleibt aber vorbehalten, diese Sammlung, sobald sich das Bedürfniß dazu herausstellt, zu vervollständigen.

Auf vielfache Anfragen, wie man wohl die Sicherheit der Hypothekenforderungen feststellen könne, mag hier noch Folgendes erwähnt werden:

Bei Grundstücken, welche als städtische zu behandeln sind, — also nur aus dem Areal und Gebäuden bestehen, — empfiehlt sich folgende Berechnung:

Man lasse durch Vorlegung der Miethsverträge den Miethsertrag nachweisen und prüfe die Richtigkeit an der Hand des Steuerzettels über die städtische Miethssteuer des Vermiethers, (wo solche erhoben wird, sonst an dem eigenen Ermessen,) kapitalisire den Miethsertrag so, daß man, je nachdem die Hypotheken zu fünf oder sechs Prozent verzinslich sind, den Miethsertrag als den zu sechs bezw. sieben Prozent anzunehmenden Zins des zu findenden Kapitals ansieht, — addire dazu den letzten Kaufwerth, falls derselbe nicht im Verhältniß zu früheren Kaufpreisen geradezu übertrieben erscheint, — addire ferner den nachzuweisenden Feuerkassenwerth, und dividire die aus den drei Faktoren gefundene Summe durch Drei. Nimmt man das Resultat dieser Berechnung als den Werth, und beleiht bis zur Hälfte dieses Werthes, so dürfte überall eine ausreichende Sicherheit anzunehmen sein. Jedoch wird auch dann Sorge zu tragen sein, daß die Feuerversicherungsprämie gehörig bezahlt wird, damit dem Gläubiger die Feuerversicherungsgelder haften. (§. 30. E. G.)

Bei ländlichen Grundstücken, d. i. bei solchen, welche hauptsächlich durch Landwirthschaft einen Ertrag geben, wird man nur den sogenannten Grundsteuer-Rein-Ertrag der Schätzung zu Grunde legen können. Dieser Reinertrag beruht auf der in dem Anfang des vorigen Jahrzehnts erfolgten Bonitirung, d. i. der durch Sachverständige erfolgten Klasseneintheilung des Landes. Die bei der Bonitirung gefundenen Klassen wurden für jede Provinz zu einem gewissen Reinertrage veranlagt, und danach wird jetzt die Grundsteuer erhoben. Es muß aber bemerkt werden, daß die Bonitirung nur eine oberflächliche war, und auf kleine Flächen-Abschnitte nicht durchgeführt ist, weil es bei jenen Berechnungen nur auf eine gleichmäßige Heranziehung der Provinzen ankam, und die Arbeit auch in zu kurzer Zeit beendet werden mußte, als daß eine ganz genaue Kartirung, Vermessung und Bonitirung hätte bewirkt werden können. Kapitalisirt man den Grundsteuer-Reinertrag je nach der Gegend zu fünf, beziehentlich vier Prozent, so wird man neben den Kaufpreisen aus den letzten zwanzig Jahren einen leidlichen Werthmesser erhalten. In für den Verkehr günstig gelegenen Ortschaften wird man bis zu $^2/_3$ des so gefundenen Werths ein in den Händen eines ordentlichen Wirths befindliches Grundstück mit ziemlicher Sicherheit beleihen können.

Zum Schluß sei darauf aufmerksam gemacht, daß in

Grundbuchsachen ein öffentliches Verfahren nicht besteht, daß insbesondere Privatpersonen nicht gestattet ist, die Grundbuchblätter betreffend die im Eigenthum Dritter stehenden Grundstücke, und die entsprechenden Grundakten, d. i. die Sammlung der auf das Grundbuchblatt sich beziehenden Verhandlungen und Verfügungen, einzusehen. Nach §. 19 G.=B.=O. können die Grundbücher und Grundakten nur von demjenigen eingesehen werden, welcher nach dem Ermessen des Vorstehers des Grundbuch=Amts ein rechtliches Interesse dabei hat. Es genügt aber nach hiesiger Praxis jederzeit die vor dem Grundbuchamte mündlich oder die in einem beglaubigten Schriftstücke ertheilte Erlaubniß des Eigenthümers, dagegen nie die einfache Behauptung, einen persönlichen Anspruch gegen einen Eigenthümer zu haben. Und doch wird gerade in Fällen der letzteren Art fast täglich, natürlich erfolglos, die Vorlegung des Grundbuchs verlangt.

Berlin, im Januar 1874.

Nachtrag.

Zur Befriedigung vielfacher Nachfragen wird nachfolgend eine ungefähre Uebersicht der Kosten mitgetheilt. Zu derselben wird bemerkt, daß die aufgeführten Sätze zuweilen noch durch Gebühren für Abschriften von Attesten oder anderen Urkunden sich erhöhen, — daß die Mittheilung auch keineswegs den Zweck verfolgt, eine Kontrolle für die Liquidationen der Grundbuchämter herzustellen, sondern nur einen ungefähren Anhalt zu geben, wie hoch sich etwa die Kosten belaufen werden.

Insbesondere mag auch dadurch erläutert werden, welche Summen von verständigen Interessenten erspart werden können.

Die Schuld=Urkunde zu Protokoll erklärt, verursacht mit der Eintragung und der Bildung eines Hypothekenbriefes bei einem Objekte von 4000 Thlr. — 13 Thlr. 20 Sgr. (Spalte 6). Ueberreicht der Eigenthümer die von ihm ausgestellte Urkunde mit dem Antrage auf Eintragung, so werden nur erfordert:

Spalte 11 . . .		27 Sgr. 6 Pf.
„ 3 . . .	3 Thlr.	27 Sgr.
„ 5 . . .	2 Thlr.	18 Sgr.
also	7 Thlr.	12 Sgr. 6 Pf.

Dazu tritt der zu verwendende Stempel mit 3 Thlr. 10 Sgr. mithin werden fast 3 Thlr. bei Benutzung eines Schuldscheinformulars erspart.

Würden sich aber die Eigenthümer noch gleichzeitig zur gerichtlichen Anerkennung ihrer Unterschrift unter dem Schuldschein entschließen, so würden sie auch dann noch 15 Sgr. ersparen. Es ist aber freilich nicht abzusehen, weshalb sie die Unterschrift anerkennen sollten, da nirgends vorgeschrieben ist, daß die Urkunde (siehe §. 19 Nr. 1. E. G.) in beglaubigter Form vorgelegt werden muß.

Für die Aufnahme von Verträgen wird der Satz Spalte 10 doppelt liquidirt (§. 20 Tar. zum Ges. 9. Mai 1851.) Ein völlig entbehrlicher Kaufvertrag über 4000 Thlr. kostet demnach schon 7 Thlr. 20 Sgr. Es wird sich also dringend befürworten lassen, bei einfachem Sachverhältniß und wo keine Besorgniß der bösen Absicht des Gegners oder richtiger Mitkontrahenten obwaltet, die Kaufverträge fallen zu lassen und dagegen zu Protokoll zu geben, von wann ab Lasten und Abgaben, Nutzungen und Gefahren auf den Erwerber übergehen sollen.

Bei Verabredung eines rückständigen Kaufgeldes erscheint es billiger, wenn ein verstempelter Schuldschein über den Rückstand mitgebracht wird, weil sonst nach einem bezüglichen Ministerial-Reskripte noch die Kosten der Spalte 10 für Aufnahme einer einseitigen Erklärung erfordert werden, während falls die Urkunde vorliegt, nur die Sätze in Spalte 11 zulässig erscheinen.

Bemerkt wird ferner, daß der Satz in Spalte 6 nur ein ungefährer ist, da der Stempelbetrag zwischen 1000 und 1500 Thlr. je nach dem Betrage der Schuldverschreibung verschieden ist. Zur Selbstberechnung wird bemerkt, daß Spalte 6 die Summe der Spalten 3 und 5 + den Stempel enthält. Der Stempel beträgt von je Einhundert Thaler 2½ Silbergroschen, jedoch dergestalt, daß, da Stempelmarken unter 5 Sgr. nicht zu haben sind, allemal der Betrag entsprechend höher abzurunden ist. So beträgt z. B. der Stempel von 500 Thlr. nicht 12½ sondern 15 Sgr. und ebenso viel auch schon der Stempel von 400 Thlr. 1 Sgr.

Zur Erleichterung der Berechnung sei ferner bemerkt, daß

1) bei Auflassungen, — insofern es sich um Objekte von mehr als 1000 Thlr. handelt, — und zwar solchen, die sich nach Tausenden abrunden, die Gebühren genau so viel halbe Thaler als das Objekt Tausende ausmacht, + 3 Thlr. 15 Sgr. betragen;
   (also z. B. bei einem Objekte von 6000 Thlr. 6 halbe Thaler + 3 Thlr. 15 Sgr. = 6 Thlr. 15 Sgr.)
2) bei Eintragungen in der zweiten oder dritten Abtheilung, falls es sich um Objekte von mehr als 1000 Thaler handelt, in gleicher Weise wie bei 1 die Gebühren genau so viele halbe Thaler als das Objekt Tausende ausmacht + 1 Thlr. 27 Sgr. betragen (also z. B. bei einem Objekte von 6000 Thlr. — 6 halbe Thlr. + 1 Thlr. 27 Sgr. = 4 Thlr. 27 Sgr.)
3) bei Löschungen, Abtretungen, Eintragung von Vormerkungen und Vorrechts-Einräumungen die Kosten halb so viel betragen, wie im Falle zu 2.
4) für die Hypothekenbriefe und Grundschuldbriefe ⅔ Thlr. der Eintragungskosten bis zum Höchstbetrage von 3 Thlr. erhoben werden.

Im Uebrigen wird die Uebersicht einer Erläuterung nicht bedürfen.

Anlage A.

Schuldschein über rückständiges Kaufgeld.

Der p hat mir durch mündlichen Vertrag sein im Grundbuche des Königlichen Kreisgerichts zu von Band Blatt-Nr. verzeichnetes Grundstück veräußert. Ich bekenne, demselben aus diesem Kaufgeschäfte noch Thlr., geschrieben Thlr. an Kaufgeld zu verschulden, und verpflichte mich, diesen Betrag vom ten 187 ab mit Prozent jährlich, in jährlichen Raten zu verzinsen, und das Kapital am ten 187 ohne Kündigung, und schon vorher drei Monate nach der Kündigung, falls die Zinsen nicht stets binnen acht Tagen nach der Fälligkeit entrichtet werden, zu zahlen,

[oder sechs Monate nach der Kündigung, welche jedoch Seitens des Gläubigers, wenn die Zinsen stets innerhalb acht Tagen nach der Fälligkeit entrichtet werden, nicht vor dem ten 187 erfolgen darf, zu zahlen,]

verpfände auch für Kapital und Zinsen das vorbezeichnete Grundstück, bewillige und beantrage die Eintragung der Verpfändung in das Grundbuch.

den ten 187

(Unterschrift.)

Anlage B.

Kaufvertrag.

§. 1.

verkauft das ihm gehörige, zu in der Straße Nr. belegene Grundstück, verzeichnet im Grundbuche de Königlichen Kreisgerichts von Band Blatt-Nr. an d

für den Preis von Thlr., geschrieben Thaler.

§. 2.

Die Auflassung soll sofort und spätestens am ten 18 erfolgen. Von der Auflassung ab geht die Gefahr auf den Käufer über, mit derselben überträgt der Verkäufer dem Käufer alle Rechte des Besitzes, Verkäufer erkennt an, sich bereits im Naturalbesitz zu befinden.

§. 3.

Lasten, Abgaben und Nutzungen des verkauften Grundstücks gehen vom ten 187 ab auf den Käufer über. Käufer kennt die Mieths- und Pacht-Verhältnisse des Grundstücks, in welche er eintritt.

§. 4.

Das Kaufgeld wird dahin belegt:

1) Käufer hat bereits baar gezahlt, wie Verkäufer quittirend anerkennt, Thlr.
2) Käufer übernimmt in Anrechnung auf das Kaufgeld die auf dem verkauften Grundstücke haftenden Hypotheken- (resp. Grund-) Schulden im Gesammtbetrage von Thlr. als Selbstschuldner, und verpflichtet sich, dem Verkäufer bis zum ten 18 durch Beschaffung bezüglicher Erklärungen der Gläubiger auf seine Kosten, aus der persönlichen Verbindlichkeit zu befreien;

3) Käufer zahlt bei der Auflassung Thlr.

4) Der Rest mit Thlr. wird dem Käufer kreditirt. Käufer verpflichtet sich, diesen Restbetrag vom ten 18 ab, mit Prozent jährlich in vierteljährlichen Theilen an den Kalenderquartalstagen zu verzinsen, und das Kapital 6 (3) Monate nach der Kündigung zu zahlen, jedoch soll der Gläubiger, falls die Zinsen stets innerhalb acht Tagen nach der Fälligkeit entrichtet werden, nicht befugt sein, das Kapital vor dem ten 18 zu kündigen.

Für diese Thlr. nebst Zinsen und Kosten verpfändet Käufer das verkaufte Grundstück nebst Zubehör, und beantragt die Eintragung in das Grundbuch und Bildung eines Hypothekenbriefs mit diesem Vertrage, welcher dem Verkäufer zugestellt werden soll.

§. 5.

Verkäufer behält sich vor,

[Raum für Abreden betr. die Benutzung einer näher zu bezeichnenden Wohnung, — oder wegen des Ausschlusses von beweglichen Zubehörstücken vom Verkauf.]

§. 6.

Die Kosten des Vertrages einschließlich des Stempels und der Eintragungen in das Grundbuch trägt der Käufer, ebenso die der Auflassung.

den ten 18 *)

(Unterschriften.)

*) Dieser Vertrag muß innerhalb 14 Tagen vom Tage der Ausstellung ab gerechnet, bei Vermeidung einer hohen Strafe gestempelt werden.

Anlage C.

Kaufvertrag mit Vormerkung wegen der Auflassung.

§. 1.

verkauft das ihm gehörige, zu in der Straße Nr. belegene, im Grundbuche de Königlichen Kreisgerichts= zu von Band Blatt=Nr. verzeichnete Grundstück an den

für Thlr.

§. 2.

Die Auflassung soll spätestens am ten 18 erfolgen. Sofort nach erfolgter Auflassung geht der Besitz des vorbezeichneten Grundstückes nebst Zubehör auf den Käufer über. Verkäufer erkennt an, daß er von der Auflassungs=Erklärung an, so weit er dann noch das Grundstück in seinem Besitz und Gewahrsam haben sollte, dasselbe nur Namens des Käufers und für denselben in Besitz und Gewahrsam hat. Er gestattet dem Käufer, von der Auflassungs=Erklärung ab, sich jederzeit (auch einseitig) in den faktischen Besitz zu setzen. Käufer soll berechtigt sein, nach erfolgter Auflassungs=Erklärung von dem Verkäufer zu verlangen, daß ihm das Grundstück an Ort und Stelle übergeben, und diese thatsächliche Uebergabe in einer öffentlichen Urkunde auf seine (des Käufers) Kosten anerkannt werde.

§. 3.

Lasten, Abgaben und Nutzungen des verkauften Grundstückes gehen vom ten 187 ab auf den Käufer über; die Gefahr des Eigenthümers trägt derselbe schon von heute ab. Käufer kennt die Mieths- und Pacht-Verhältnisse des Grundstückes, und tritt in die bezüglichen Verträge statt des Verkäufers ein.

§. 4.

Das Kaufgeld wird dahin belegt:

1) Käufer hat bereits baar angezahlt, wie der Verkäufer quittirend anerkennt, Thlr.

2) Käufer übernimmt in Anrechnung auf das Kaufgeld die auf dem erkauften Grundstücke haftenden Hypotheken- (resp. Grund-) Schulden im Gesammtbetrage von Thlr. als Selbstschuldner, und verpflichtet sich, den Verkäufer bis zum ten 18 durch Beschaffung bezüglicher Erklärungen der Gläubiger auf seine Kosten aus der persönlichen Verbindlichkeit zu befreien.

Die nicht mitübernommenen in Abtheilung III unter Nr. und haftenden Schulden verspricht der Verkäufer bis zum ten 18 auf seine Kosten zur Löschung zu bringen.

3) Käufer zahlt bei der Auflassung Thlr.

4) Der Rest mit Thlr. wird dem Käufer kreditirt. Käufer verpflichtet sich, diesen Restbetrag vom ten 18 ab mit Prozent jährlich, in vierteljährlichen Theilen an den Kalenderquartalstagen zu verzinsen, und das Kapital 6 (3) Monate nach der Kündigung zu zahlen, jedoch soll der Gläubiger, falls die Zinsen stets innerhalb acht Tagen nach der Fälligkeit entrichtet werden, nicht befugt sein, das Kapital vor dem ten 18 zu kündigen. Für diese Thlr. nebst Zinsen und Kosten verpfändet Käufer das verkaufte Grundstück nebst Zubehör, und beantragt die Eintragung in das Grundbuch, so wie, daß mit diesem Vertrage ein Hypothekenbrief verbunden, und solcher dem Verkäufer zugestellt werde.

Die Anzahlung zu 1) wird dem Käufer bis zur Auflassung mit Prozent jährlich (nicht) verzinst.

§. 5.

Verkäufer behält sich vor,

[Raum für Abreden betr. die Benutzung einer näher zu bezeichnenden Wohnung oder wegen des Ausschlusses von beweglichen Zubehörstücken vom Vertrage.]

§. 6.

Falls dem Käufer eine schuldbare Säumniß bei Erfüllung seiner Verpflichtung zur Auflassungs-Erklärung zur Last fällt, ist Verkäufer berechtigt, vom Vertrage zurückzutreten, und ist in diesem Falle die Anzahlung zu §. 4 Nr. 1 dem Verkäufer als Konventionalstrafe verfallen.

Falls dem Verkäufer eine schuldbare Säumniß bei Erfüllung seiner Verpflichtung, die Auflassung zu erklären, zur Last fällt, ist Käufer berechtigt, vom Vertrage zurückzutreten die geleistete Anzahlung nebst Prozent Zinsen von heute ab zurückzufordern, und den Betrag von Thlr. als Konventionalstrafe vom Verkäufer gezahlt zu verlangen.

§. 7.

Zur Sicherung des Käufers soll in Abtheilung II des Grundbuchblattes des vorbezeichneten Grundstückes eine Vormerkung zur Sicherung des Rechtes des Käufers auf Auflassung und Eintragung des Eigenthumsüberganges dahin eingetragen werden, daß Käufer das Recht hat, die Auflassung am ten 18 zu verlangen, daß aber diese Vormerkung mit Ablauf des ten 18 , also acht Tage nach jenem Termine auf einseitigen Antrag des Verkäufers gelöscht werden soll. Die Kontrahenten beantragen, bezw. bewilligen die Eintragung dieser Vormerkung.

§. 8.

Die Kosten dieses Vertrages, einschließlich des Stempels

und der Eintragungen in das Grundbuch so wie der Auflassung trägt der Käufer.

den ten 18 *)

(Unterschriften.)

Anlage C. I.

Vertrag, betreffend den Erwerb einer Parzelle.

§. 1.

verkauft von dem ihm gehörigen, zu belegenen, im Grundbuche de Königlichen Kreisgerichts zu von Band Blatt-Nr. verzeichneten Grundstücke dasjenige Trennstück, welches auf dem Situationsplane des vom ten 18 , (welchen die Kontrahenten als richtig und mit der Oertlichkeit übereinstimmend anerkennen, und zum Anerkenntniß unterschriftlich vollzogen haben) mit den Buchstaben umschrieben, und Q.-Meter groß, an der Straße belegen ist, an den

für Thlr.

§. 2.

Die Auflassung soll sofort nach Beschaffung des Steuerbuch-Auszuges, und spätestens bis zum ten 18 erfolgen. Mit der Auflassung überträgt Verkäufer dem Käufer alle Rechte des Besitzes, Käufer bekennt, sich bereits im Naturalbesitze zu befinden. Die Gefahr des Eigenthümers trägt Käufer vom ab.

§. 3.

Lasten, Abgaben und Nutzungen gehen vom ten 18 ab auf den Käufer über. Wegen der Ver-

*) Dieser Vertrag muß innerhalb 14 Tagen vom Tage der Ausstellung ab gerechnet, bei Vermeidung einer erheblichen Geldstrafe gestempelt werden.

theilung der Lasten und Abgaben unterwerfen Kontrahenten sich der Festsetzung der kompetenten Verwaltungsbehörden.

Hypotheken haften auf dem Grundstücke nicht.

bezw. (Von den auf dem Stammgrundstücke in Abtheilung III haftenden Hypotheken verspricht der Verkäufer das Trennstück bis spätestens zum ten 18 zu entpfänden, und sollen dieselben vorläufig mit übertragen werden.)

§. 4.

Das Kaufgeld wird dahin belegt:

1) Käufer hat bereits baar gezahlt, wie Verkäufer quittirend anerkennt, Thlr.

2) Käufer zahlt bei der Auflassung Thlr.

3) der Rest mit Thlr.

wird dem Käufer kreditirt. Käufer verpflichtet sich, diesen Restbetrag vom ten 18 ab mit Prozent jährlich, in vierteljährlichen Theilen an den Kalenderquartalstagen zu verzinsen, und das Kapital 6 (3) Monate nach der Kündigung zu zahlen, — jedoch soll der Verkäufer, falls die Zinsen stets innerhalb acht Tagen nach der Fälligkeit entrichtet werden, nicht befugt sein, das Kapital vor dem ten 18 zu kündigen. Verkäufer verpflichtet sich auch, sobald das Trennstück bebaut sein wird, vor diesem Restbetrage der Thlr. einem noch aufzunehmenden Kapitale dergestalt das Vorzugsrecht einzuräumen, daß diese Post mit drei Viertel des Feuerkassenwerthes ausläuft. Zur Sicherheit für diese Thlr. nebst Zinsen und Kosten verpfändet Käufer das erkaufte Trennstück, und beantragt die Eintragung der Verpfändung unter Angabe der Zins- und Zahlungsabreden in das Grundbuch, und Bildung eines Hypothekenbriefes, welcher dem Verkäufer zugestellt werden soll, mit diesem Vertrage.

§. 5.

Käufer verpflichtet sich,

a) binnen Jahren das Trennstück einzufriedigen,

b) auf dem erkauften Grundstücke keine Fabriken und keine die Nachbarn durch Lärmen oder üble Ausdünstungen belästigende gewerbliche Anlagen anzulegen, darauf auch keine Krankenhäuser oder Irren-Anstalten zu erbauen,

c) bei Bebauung des Grundstückes Meter von der Straßengrenze und Meter von den nachbarlichen Grenzen abzubleiben, und das an der Straße liegenbleibende Terrain als Vorgarten anzulegen, — willigt auch in die Eintragung dieser Verpflichtungen in das Grundbuch bei dem für das Trennstück anzulegenden neuen Blatte.

§. 6.

Verkäufer verpflichtet sich, dem Käufer dadurch einen bequemen Zugang zu dem Trennstücke zu ermöglichen, daß er

§. 7.

Verkäufer willigt darin, daß bei dem Blatte des Stammgrundstückes ein vorläufiger Vermerk dahin eingetragen werde, daß er das in dem §. 1 näher bezeichnete Grundstück dem Käufer veräußert habe.

§. 8.

Die Kosten dieses Vertrages einschließlich des Stempels, der Eintragungen in das Grundbuch, sowie der Auflassung, trägt der Käufer.

den ten 18 *)

(Unterschriften.)

*) Dieser Vertrag muß innerhalb 14 Tagen vom Tage der Ausstellung ab gerechnet, bei Vermeidung einer namhaften Strafe gestempelt werden.

Anlage D.*)

Vollmacht zur Auflassung.

a) Seitens des Verkäufers.

Ich, Endes-Unterschriebener, der

bevollmächtige mit der Befugniß der Substitution hierdurch den

zu Straße Nr. wohnhaft, in meinem Namen und für mich;

1) vor dem Grundbuchrichter die Erklärung abzugeben, daß ich die Eintragung des als neuen Erwerbers des zu belegenen, im Grundbuche de Königlichen Kreisgerichtes zu von Band Blatt-Nr. verzeichneten Grundstückes bewillige, — also für mich die Auflassung zu erklären,

2) dabei Anträge aller Art, auf Eintragung von Hypothekenschulden, Grundschulden, Berechtigungen, Beschränkungen und Verpflichtungen, so wie auf Löschungen im Grundbuche, auf Bildung und Ausreichung von Dokumenten zu stellen oder zu übergeben,

3) die von dem genannten Erwerber bei der Auflassung zu zahlenden Kaufgelder nebst etwaigen Zinsen in Empfang zu nehmen und darüber zu quittiren.

den ten 18

(Unterschrift.)

---

*) Diese Vollmachten müssen gerichtlich oder notariell rekognoscirt werden, — in letzterem Falle unter Zuziehung von Zeugen, weil sonst einzelne Grundbuchrichter Schwierigkeiten machen.

b) Seitens des Erwerbers.

Ich, Endes-Unterschriebener, der

bevollmächtige hierdurch mit der Befugniß der Substitution den

zu Straße Nr. wohnhaft, in meinem Namen und für mich:

1) vor dem Grundbuchrichter die Erklärung abzugeben, daß ich die Eintragung in das Grundbuch für mich als neuen Erwerber des zu belegenen, im Grundbuche de Königlichen Kreisgerichtes zu von Band Blatt-Nr. verzeichneten Grundstückes beantrage, also für mich die Auflassungs-Erklärung abzugeben,
2) dabei Anträge aller Art auf Eintragung von Hypothekenschulden, Grundschulden, Berechtigungen, Belastungen, Beschränkungen und Verpflichtungen in das Grundbuch, so wie auf Bildung und Aushändigung von Urkunden zu stellen,
3) Quittungen für mich an- und in Empfang zu nehmen.

, den ten 18

(Unterschrift.)

Anlage E.

Schriftlicher Antrag zur Eintragung eines Rechtes in Abtheilung II unter Beilegung des Konsenses des Eigenthümers in beglaubigter Form.

Zu den Akten betr. das zu Kreises belegene, im Grundbuche von Band Blatt-Nr. verzeichnete Grundstück	, den ten 18

überreiche ich die beglaubigte Erklärung des Erwerbers des nebenbezeichneten Grundstückes, und beantrage,

die Eintragung des in der Anlage konstituirten Rechtes in Abtheilung II des nebenbezeichneten Blattes,

mit der Bitte, die Kosten von
zu erfordern.

Den Werth des Rechtes gebe ich auf Thlr. an.

(Unterschrift.)

Anlage F.

Antrag des Eigenthümers auf Eintragung eines Rechtes in Abtheilung II.

(Dieser Antrag muß gerichtlich oder notariell beglaubigt werden.)

, den ten 18

Dem .p

als Eigenthümer des im Grundbuche de Königlichen Kreisgerichtes zu von Band Blatt-Nr. verzeichneten Grundstückes räume ich das Recht ein,
(Folgt das Recht.)

Ich bewillige und beantrage, daß im Grundbuche desselben Amtes von Band Blatt-Nr. betreffend das mir gehörige Grundstück daselbst dies Recht in Abtheilung II vermerkt werde, übernehme die Kosten der Eintragung und beantrage,

Nachricht vom Verfügten mir und dem wohnhaft zu ertheilen,

gebe auch den Werth des Rechtes auf Thlr. an.

(Unterschrift.)

Anlage G.

Urkunde, welche Behufs Eintragung einer Hypothek zu übergeben ist.*)

Ich, der

verschulde dem (Vor- und Zuname)
zu , Straße Nr. wohnhaft,
aus einem mir baar gegebenen Darlehen,
[oder] aus einem Baumaterialien betreffenden Lieferungsgeschäfte,
[oder] aus einem Kaufgeschäfte, betreffend

an rückständigem Kaufgelde Thlr.
geschrieben
Thaler, und verpflichte mich, dieselben mit Prozent jährlich, vom ten 18 ab in vierteljährlichen Theilen an den Kalenderquartalstagen zu verzinsen, und 6 (3) Monate nach der Kündigung, welche für meinen Gläubiger bei Zinszahlung innerhalb acht Tagen nach jedesmaliger Fälligkeit bis zum ten 18 ausgeschlossen sein soll, zu zahlen. Zur Sicherheit für diese Forderung nebst Zinsen und Kosten verpfände ich dem genannten Gläubiger das mir gehörige, zu in der Straße belegene, im Grundbuche de Königlichen gerichts von Band Blatt-Nr. verzeichnete Grundstück, bewillige und beantrage die Eintragung der Verpfändung in das Grundbuch, und Aushändigung des zu bildenden Hypothekenbriefes an

Berlin, den ten 18

(Unterschrift.)

*) Diese Schuldurkunde muß zur Vermeidung der Stempelstrafe binnen 14 Tagen vom Tage der Ausstellung ab gerechnet, gestempelt sein.

Anlage H.

Anschreiben zur Ueberreichung einer gerichtlichen oder notariellen, bezw. gerichtlich oder notariell beglaubigten Schuldurkunde.

Zu den Akten, betreffend das zu Kreises belegene, im Grundbuche de Königlichen gerichts zu von Band Blatt-Nr. verzeichnete Grundstück

Berlin, den ten 18

überreiche ich die Schuldverschreibung vom ten 18 mit dem Antrag,

die in der Anlage beantragte Eintragung in das Grundbuch zu bewirken,

den Hypothekenbrief dem zuzustellen,

und übernehme ich die Kosten.

(Unterschrift.)

Anlage I.

Antrag auf Eintragung einer Grundschuld.

Zu den Akten, betreffend das zu Kreises belegene, im Grundbuche de Königlichen gerichts zu von Band Blatt-Nr. verzeichnete Grundstück

Berlin, den ten 18

beantrage ich als Eigenthümer des nebenbezeichneten Grundstücks, für mich auf dem Blatte des Grundstückes in Abtheilung III eine Grundschuld in Höhe von Thlr. verzinslich zu Prozent jährlich, vom ten 18 ab, in vierteljährlichen Raten zahlbar 6 (3) Monate nach der Kündigung, welche jedoch für den Gläubiger bei Zinszahlung innerhalb acht Tagen nach jedesmaliger Fälligkeit bis zum ten 18 ausgeschlossen sein soll, einzutragen

den Grundschuldbrief ohne Zinsquittungsscheine auszufertigen, und mir zuzusenden, auch die Kosten von mir zu erfordern.

(Unterschrift. *)

*) Die Unterschrift muß gerichtlich oder notariell beglaubigt sein.

Anlage K.

Abtretung einer Forderung.

Für mich, den

bezw. [Für den

dessen Rechte ich nach der beiliegenden Urkunde vom ten 18 erworben habe]

haften auf dem zu Kreises belegenen, im Grundbuche des Königlichen gerichts zu von Band Blatt-Nr. verzeichneten Grundstücke in Abtheilung III. Nr. Thlr. 1 Prozent jährlich verzinslich.

Diese Forderung trete ich dem

zu wohnhaft hierdurch zum freien und ausschließlichen Eigenthum ab, und zwar mit den Zinsen vom ten 18 ab, [jedoch mit der Maßgabe, daß der Cessionar, falls die Zinsen binnen acht Tagen nach jedesmaliger Fälligkeit entrichtet werden, nicht befugt sein soll, die Forderung vor dem ten 18 zu kündigen,] bekenne Valuta der Cession, wie verabredet, erhalten zu haben, und bewillige und beantrage die Umschreibung der Post im Grundbuche auf den Namen des Cessionars, und Aushändigung der Urkunde an denselben. Die Kosten der Umschreibung trägt der

den ten 18

(Unterschrift.*)

*) Die Unterschrift muß gerichtlich oder notariell beglaubigt sein.

Anlage L.

Verpfändung einer Forderung.

Dem

zu wohnhaft
verschulde ich aus einem Darlehen, Thlr. zu Prozent jährlich verzinslich, zahlbar am ten 18

oder aus einem Baumaterialien betreffenden Lieferungsgeschäfte Thlr. zahlbar am ten 18
oder aus einem Vertrage betreffend die Ausführung eines Wohngebäudes pp. Thlr., zahlbar am ten 18 ,

Demselben verpfände ich zur Sicherheit diejenige Forderung von Thlr. nebst Prozent Zinsen, welche für mich auf dem zu Kreises belegenen, im Grundbuche de Königlichen gerichts zu von Band Blatt-Nr. verzeichneten Grundstücke in Abtheilung III. Nr. aus beifolgendem Dokumente haftet, und bewillige und beantrage die Eintragung dieser Verpfändung in das Grundbuch und Aushändigung der Schuldurkunde an den

Die Kosten trägt der

, den ten 18

(Unterschrift.*)

---

*) Die Unterschrift muß gerichtlich oder notariell beglaubigt sein.

Durch richtige und zweckmäßige Anwendung dieser Urkunden werden viele Prozesse vermieden werden. Aus Unkenntniß der Zulässigkeit der Verpfändung werden sehr oft Forderungen abgetreten, welche lediglich als Unterpfand dienen sollten.

Anlage M.

Anschreiben bei Einrichtung eines Cessions- resp. Verpfändungs-Antrages beziehentlich einer Urkunde, in welcher die Cession resp. Verpfändung enthalten ist.

Zu den Akten, betr. das , den ten 18
zu Kreises
belegene, im Grundbuche de
Königlichen gerichts
zu
von Band
Blatt-Nr. verzeichnete
Grundstück

überreiche ich anliegend:

1) ein Dokument über
Thlr.
2) die auf diese Forderung bezügliche Cession (bezw. Verpfändungserklärung)

und beantrage,

die Abtretung bezw. Verpfändung in das Grundbuch einzutragen,
das Dokument mir zuzustellen,

und die Kosten von dem
zu erfordern.

(Unterschrift).

Bei einer Zweig-Cession

und beantrage,

die Abtretung in das Grundbuch einzutragen,
ein Zweigdokument anzufertigen,
das Stammdokument noch gültig über Thlr.

dem

die Zweigurkunde aber mir zuzustellen, und die Kosten von dem

zu erfordern.

(Unterschrift).

Anlage N.

Abtretung einer Theilforderung.

Für mich, den

(bezw. Für den

dessen Rechte ich nach der beiliegenden Urkunde vom ten 18 erworben habe), haften auf dem zu Kreises belegenen, im Grundbuche de Königlichen gerichts zu von Band Blatt-Nr. verzeichneten Grundstücke in Abtheilung III. Nr. Thlr. zu Prozent verzinslich.

Von dieser Forderung trete ich dem

zu wohnhaft den Betrag von Thlr. mit den Zinsen vom ten 18 ab, und zwar dem Ueberreste von Thlr. nebst Zinsen vorgehend (nachstehend) hierdurch zum freien und ausschließlichen Eigenthum ab,

(jedoch mit der Maßgabe, daß der Cessionar, falls die Zinsen stets binnen acht Tagen nach der Fälligkeit entrichtet werden, nicht befugt sein soll, die Forderung vor dem ten 18 zu kündigen,)

bekenne Valuta der Abtretung, wie verabredet, erhalten zu haben, und bewillige und beantrage die Umschreibung des abgetretenen Betrages im Grundbuche auf den Namen des Cessionars, und Aushändigung eines Zweig-Dokumentes an denselben. Die Kosten trägt der

, den ten 18

(Unterschrift.*)

Anlage O.

Löschungs-Bewilligung und Löschungs-Antrag.**)

Für mich, den

stehen auf dem zu Kreises belegenen, im Grundbuche de Königlichen gerichts zu von Band Blatt-Nr. verzeichneten Grundstücke aus beiliegendem Dokumente in Abtheilung III. Nr. Thlr. zu Prozent ver-

---

*) Die Unterschrift muß gerichtlich oder notariell beglaubigt sein.

**) Der Antrag muß gerichtlich oder notariell beglaubigt sein.

zinslich. Ich bewillige die Löschung der Post im Grundbuche, und Vernichtung der Urkunde,

(bezw. indem ich anerkenne, das Kapital der Thlr. nebst allen Zinsen zu meiner Zufriedenheit erhalten zu haben.)

Ich, der

als Eigenthümer des belasteten Grundstücks, trete dem Antrage bei, und beantrage die bewilligte Löschung im Grundbuche, übernehme die Kosten, und beantrage Aushändigung der kassirten Urkunde an mich.

den ten 18

(Unterschriften).

Anlage O I.

Löschungs-Antrag.

Zu den Akten, betreffend das mir gehörige, zu Kreises belegene, im Grundbuche d Königlichen gerichts zu von Band-Nr. verzeichnete Grundstück

überreiche ich

1) das Dokument über die auf dem nebenbezeichneten Grundstücke in Abtheilung III. Nr. haftenden Thlr.

2) Urkunde vom ten
18 Inhalts
deren der bisherige Gläubiger die Forderung mir abgetreten hat, (bezw. die Löschung der Post bewilligt hat,)

und beantrage,
die Post im Grundbuche zu löschen, die kassirte Urkunde mir zuzustellen, und die Kosten von mir zu erfordern.*)

den ten 18

(Unterschrift.)

Anlage P.

Prioritäts-Einräumung.

Für mich, den

haften auf dem, zu Kreises belegenen, im Grundbuche de Königlichen gerichts zu von Band Blatt-Nr. verzeichneten Grundstücke in Abtheilung III. Nr. aus beiliegendem Dokumente Thlr. zu Prozent jährlich verzinslich.

*) Dieses Anschreiben muß gerichtlich oder notariell beglaubigt sein.

Wegen dieser Thlr. nebst Zinsen und Kosten räume ich den auf demselben Grundstücke in Abtheilung III. Nr. des Grundbuchblattes für den

haftenden Thlr. nebst den eingetragenen bezw. urkundsmäßigen Zinsen und Kosten das Vorrecht ein, will mich also damit einverstanden erklären, daß ich für meine Forderung aus dem Grundstücke erst nach Befriedigung des Gläubigers der vortretenden Post befriedigt werde, und bewillige und beantrage die Eintragung der Prioritäts-Einräumung in das Grundbuch.

Die Kosten hat der zu tragen.

Ich bitte um Rückgabe des Dokumentes an mich.

den ten. 18

(Unterschrift. *)

Anlage P I.

Antrag des Grundstückseigenthümers wegen Eintragung der Prioritäts-Einräumung.

Zu den Akten, betr. das zu Kreises belegene im Grundbuche des Königlichen gerichts zu von Band Blatt-Nr. verzeichnete Grundstück

den ten 18

überreiche ich das Dokument über die auf dem nebenbezeichneten Grundstücke in Abtheilung III. Nr. haftenden

*) Die Unterschrift muß gerichtlich oder notariell beglaubigt sein.

Thlr. nebst Prioritäts-Einräumung Seitens des Gläubigers, so wie das Dokument über diejenigen Thlr., welche vorrücken sollen, und beantrage

1) Eintragung der Prioritäts-Einräumung in das Grundbuch,
2) Vermerke auf beiden Dokumenten,
3) Rückgabe der Dokumente an die Gläubiger,

übernehme auch die Kosten.

(Unterschrift).

Anlage Q.

Entpfändungs-Erklärung.

Auf dem zu Kreises belegenen, im Grundbuche de Königlichen gerichts zu von Band Blatt-Nr. verzeichneten Grundstücke haftet in Abtheilung III. Nr. aus beifolgendem Dokumente für mich, den

eine Forderung von Thlr. zu Prozent jährlich verzinslich. Wegen dieser meiner Forderung entlasse ich dasjenige Trennstück des Pfandgrundstückes, welches der Eigenthümer des letzteren am ten 18 dem veräußert hat, bezw. veräußern will, aus all und jeder Pfandverbindlichkeit, indem ich mich mit derjenigen Sicherheit begnügen will, welche das Restgrundstück gewährt.

Ich überlasse es dem Eigenthümer die pfandfreie Abtheilung des Trennstückes, welche ich bewillige, zu beantragen.

Die Kosten hat der übernommen.

den ten 18

(Unterschrift. *)

*) Die Unterschrift muß gerichtlich oder notariell beglaubigt sein.

Buchdruckerei der Berliner Bürger-Zeitung, Schützen-Straße 68.

…icht

…ndbuchsachen.

7.			8.			9.			10.			11.			12.			13.		
…intragung wie zu …6 jedoch ohne Bildung eines …ypothekenbriefs.			Eintragung einer Grundschuld mit Antrag u. Stempel ohne Zinsquittungsscheine.			Eintragung wie zu 8, aber mit Zinsquittungsscheinen.			Aufnahme einseitiger Erklärungen.			Aufnahme oder Beglaub. von Eintragungs- und Löschungs-Anträgen.			Gerichtliche Anerkennung der Unterschriften.			Accessorische Verbindlichkeit eines Dritten und einseitige Erklärungen zusammen.		
Rℓ	Sgr	₰	Rℓ	Sgr	₰	Rℓ	Sgr	₰	Rℓ	Sgr	₰	Rℓ	Sgr	₰	Rℓ	Sgr	₰	Rℓ	Sgr	₰
—	9	—	—	11	6	—	14	—	—	5	—	—	2	6	—	5	—	—	7	6
—	11	6	—	11	6	—	14	—	—	7	6	—	2	6	—	5	—	—	11	3
1	8	—	—	15	4	—	17	10	—	15	—	—	2	6	—	7	6	—	22	6
1	19	6	1	10	—	1	13	—	—	22	6	—	5	—	—	11	3	1	3	9
2	1	—	1	16	8	1	20	8	1	—	—	—	5	—	—	15	—	1	15	—
2	10	—	1	25	10	2	—	10	1	5	—	—	7	6	—	17	6	1	22	6
2	14	—	2	2	6	2	8	6	1	5	—	—	7	6	—	17	6	1	22	6
2	23	—	2	11	8	2	18	8	1	10	—	—	10	—	—	20	—	2	—	—
2	27	—	2	18	4	2	26	4	1	10	—	—	10	—	—	20	—	2	—	—
3	7	—	2	29	2	3	8	5	1	15	—	—	12	6	—	22	6	2	7	6
3	17	—	3	7	6	3	18	—	1	20	—	—	12	6	—	25	—	2	15	—
3	27	—	3	18	4	4	—	1	1	25	—	—	15	—	—	27	6	2	22	6

4	17	—	3	20	[illegible]	4	[illegible]	[illegible]	[illegible]	[illegible]	[illegible]	[illegible]	[illegible]	[illegible]	[illegible]	[illegible]	[illegible]	[illegible]	[illegible]	[illegible]
4	27	—	4	12	6	4	26	9	2	10	—	—	17	6	1	5	—	3	15	—
5	2	—	4	20	10	5	6	4	2	10	—	—	17	6	1	5	—	3	15	—
5	12	—	5	6	8	5	23	5	2	10	—	—	20	—	1	5	—	3	15	—
5	17	—	5	15	—	6	3	—	2	10	—	—	20	—	1	5	—	3	15	—
6	24	6	6	15	—	7	5	—	2	25	—	—	22	6	1	12	6	4	7	6
7	12	—	7	7	6	7	29	3	2	25	—	—	22	6	1	12	6	4	7	6
8	19	6	8	7	6	9	1	6	3	10	—	—	25	—	1	20	—	5	—	—
9	7	—	9	—	—	9	25	6	3	10	—	—	25	—	1	20	—	5	—	—
10	14	6	10	—	—	10	27	—	3	25	—	—	27	6	1	27	6	5	22	6
11	2	—	10	22	6	11	21	9	3	25	—	—	27	6	1	27	6	5	22	6
12	9	6	11	22	6	12	23	6	4	10	—	1	—	—	2	5	—	6	15	—
12	27	—	12	15	—	13	18	—	4	10	—	1	—	—	2	5	—	6	15	—
14	19	6	13	12	—	14	17	—	5	10	—	1	2	6	2	20	—	8	—	—
15	7	—	13	29	6	15	6	3	5	10	—	1	2	6	2	20	—	8	—	—
15	29	6	14	24	6	16	3	6	5	10	—	1	5	—	2	20	—	8	—	—
16	17	—	15	12	—	16	22	6	5	10	—	1	5	—	2	20	—	8	—	—
17	9	6	16	7	—	17	19	—	5	10	—	1	7	6	2	20	—	8	—	—
17	27	—	16	24	6	18	8	9	5	10	—	1	7	6	2	20	—	8	—	—
18	19	6	17	19	6	19	5	6	5	10	—	1	10	—	2	20	—	8	—	—
19	7	—	18	7	—	19	25	—	5	10	—	1	10	—	2	20	—	8	—	—
19	29	6	19	2	—	20	22	—	5	10	—	1	12	6	2	20	—	8	—	—
20	17	—	19	19	6	21	11	6	5	10	—	1	12	6	2	20	—	8	—	—
22	9	6	20	14	6	22	8	6	6	10	—	1	15	—	3	5	—	9	15	—
22	27	—	21	—	—	22	27	6	6	10	—	1	15	—	3	5	—	9	15	—
23	19	6	21	27	—	23	24	—	6	10	—	1	17	6	3	5	—	9	15	—
24	7	—	22	14	6	24	13	6	6	10	—	1	17	6	3	5	—	9	15	—
									bis 20000 Thlr. incl. derselbe Satz, darüber stets 8 Thlr. 10 Sgr.			für je 1000 Thlr. 2 Sgr. 6 Pf. mehr bis 20000 Thlr., bei Werthen über 20000 Thlr. noch zusätzlich 1 Thlr.			bis 20000 Thlr. incl. derselbe Satz, darüber stets 4 Thlr. 5 Sgr.			bis 20000 Thlr. incl., darüber stets 12 Thlr. 15 Sgr.		

Uebersi

der Kosten in Gru

Objekt.	1.			2.			3.			4.			5.			6.		
	Für Auflassung und Eintragung des Eigenthums.			Anlegung eines Blattes für abgezweigte Trennstücke desselben Eigenthümers.			Eintragungen in Spalte 1. der II. u. III. Abtheilung.			Löschungen, Abtretung, Eintrag. von Vormerk., Vorrechts-Einräumung.			Hypothekenbrief oder Grundschuldbrief.			Eintragung mit Hypothekenbrief, einschließlich Aufnahme der Schuldurkunde und Stempel.		
	Rt.	Sgr.	Pf.	Rt.	Sgr.	Pf.	Rt.	Sgr.	Pf.	Rt.	Sgr.	Pf.	Rt.	Sgr.	Pf.	Rt.	Sgr.	Pf.
1 bis incl. 5	—	5	—	—	5	—	—	4	—	—	2	—	—	5	—	—	14	—
5 „ „ 25	—	7	6	—	5	—	—	4	—	—	2	—	—	5	—	—	16	6
25 „ „ 50	—	15	—	—	5	—	—	8	—	—	4	—	—	5	4	1	13	4
																jedoch nur incl. 15 Sgr. Stempel		
50 „ „ 75	—	22	6	—	6	—	—	12	—	—	6	—	—	8	—	1	27	6
75 „ „ 100	1	—	—	—	8	—	—	16	—	—	8	—	—	10	8	2	11	8
100 „ „ 125	1	7	6	—	10	—	—	20	—	—	10	—	—	13	4	2	23	4
125 „ „ 150	1	15	—	—	12	—	—	24	—	—	12	—	—	16	—	3	—	—
150 „ „ 175	1	22	6		14	—	—	28	—	—	14	—	—	18	6	3	11	8
175 „ „ 200	2	—	—	—	16	—	1	2	—	—	16	—	—	21	4	3	18	4
200 „ „ 300	2	7	6	—	18	6	1	7	—	—	18	6	—	24	8	4	1	8
300 „ „ 400	2	15	—	—	21	—	1	12	—	—	21	—	—	28	—	4	15	—
400 „ „ 500	2	22	6	—	23	6	1	17	—	—	23	6	1	1	4	4	28	4

500	„	„	600	3	—	—	—	26	—	1	22	—	—	26	—	1	4	8	5	21	6
600	„	„	700	3	7	6	—	28	6	1	27	—	—	28	6	1	8	—	6	5	—
700	„	„	800	3	15	—	1	1	—	2	2	—	1	1	—	1	11	4	6	13	4
800	„	„	900	3	22	6	1	3	6	2	7	—	1	3	6	1	14	8	6	26	8
900	„	„	1000	4	—	—	1	6	—	2	12	—	1	6	—	1	18	—	7	5	—
1000	„	„	1500	4	7	6	1	9	9	2	19	6	1	9	9	1	23	—	8	17	6
1500	„	„	2000	4	15	—	1	13	6	2	27	—	1	13	6	1	28	—	9	10	—
2000	„	„	2500	4	22	6	1	17	3	3	4	6	1	17	3	2	3	—	10	22	6
2500	„	„	3000	5	—	—	1	21	—	3	12	—	1	21	—	2	8	—	11	15	—
3000	„	„	3500	5	7	6	1	24	9	3	19	6	1	24	9	2	13	—	12	27	6
3500	„	„	4000	5	15	—	1	28	6	3	27	—	1	28	6	2	18	—	13	20	—
4000	„	„	4500	5	22	6	2	2	3	4	4	6	2	2	3	2	23	—	15	2	6
4500	„	„	5000	6	—	—	2	6	—	4	12	—	2	6	—	2	28	—	15	25	—
5000	„	„	5500	6	7	6	2	9	9	4	19	6	2	9	9	3	—	—	17	19	6
5500	„	„	6000	6	15	—	2	13	6	4	27	—	2	13	6	höchster Satz.			18	7	—
6000	„	„	6500	6	22	6	2	17	3	5	4	6	2	17	3				18	29	6
6500	„	„	7000	7	—	—	2	21	—	5	12	—	2	21	—				19	17	—
7000	„	„	7500	7	7	6	2	24	9	5	19	6	2	24	9				20	9	6
7500	„	„	8000	7	15	—	2	28	6	5	27	—	2	28	6				20	27	—
8000	„	„	8500	7	22	6	3	—	—	6	4	6	3	2	3				21	19	6
8500	„	„	9000	8	—	—	höchster Satz.			6	12	—	3	6	—				22	7	—
9000	„	„	9500	8	7	6				6	19	6	3	9	9				22	29	6
9500	„	„	10000	8	15	—				6	27	—	3	13	6				23	17	—
10000	„	„	10500	8	22	6				7	4	6	3	17	3				25	9	6
10500	„	„	11000	9	—	—				7	12	—	3	21	—				25	27	
11000	„	„	11500	9	7	6				7	19	6	3	24	9				26	19	6
11500	„	„	12000	9	15	—				7	27	—	3	28	6				27	7	—
				u. s. w. von je 500 Thlr. 7 Sgr. 6 Pf. mehr. — überall unbeschadet des Stempels.						u. s. w. von je 500 Thlr. 7 Sgr. 6 Pf. mehr.			u. s. w. von je 500 Thlr. 3 Sgr. 9 Pf. mehr.								

FSC
www.fsc.org
MIX
Papier | Fördert
gute Waldnutzung
FSC® C083411

Kolibri 360 GmbH
Ferdinand-Jühlke-Straße 7
99095 Erfurt, Deutschland
produktsicherheit@kolibri360.de